中等教育电子商务
专业系列教材

直播电商基础

主　　编　贺　庆　蒋卫东
副 主 编　李　琴　刘　明　胥　涛　吴　延
参编人员　苟煜辰　向　勇　杨莎莎　郭春梅　吴　东

西南交通大学出版社
·成　都·

图书在版编目（CIP）数据

直播电商基础 / 贺庆，蒋卫东主编. -- 成都 : 西南交通大学出版社，2024. 8. --（中职教育电子商务专业系列教材）. -- ISBN 978-7-5643-9954-2

Ⅰ. F713.365.2

中国国家版本馆 CIP 数据核字第 20249KS693 号

中职教育电子商务专业系列教材

Zhibo Dianshang Jichu

直播电商基础

主　编／贺　庆　蒋卫东

策划编辑／胡　军

责任编辑／雷　勇

封面设计／墨创文化

西南交通大学出版社出版发行

（四川省成都市金牛区二环路北一段 111 号西南交通大学创新大厦 21 楼　610031）

营销部电话：028-87600564　028-87600533

网址：http://www.xnjdcbs.com

印刷：四川玖艺呈现印刷有限公司

成品尺寸　185 mm × 260 mm

印张　15.75　字数　333 千

版次　2024 年 8 月第 1 版　印次　2024 年 8 月第 1 次

书号　ISBN 978-7-5643-9954-2

定价　48.00 元

课件咨询电话：028-81435775

PREFACE 前言

本教材以《国家职业教育改革实施方案》为指导，以职业教育作为类型教育来规划设计本中职教材。直播电商是当前电商实践的新型业态，在传统电商运作模式与经营方式的基础上，重新审视“人——货——场”关系，建立适合直播电商业态的新型交易关系。本教材是基于电商新业态的发展实践进行教材转化的一次尝试。以“互联网营销师职业技能标准”为依据，结合中职学生实际，搭建直播电商基础知识框架，用任务工单方式串联知识点，活页装订便于师生通过完成工作任务全面实现教学目标。

面对新型电子商务业态，本教材以《国家职业教育改革实施方案》和系列职业教育文件政策为指导，以《互联网营销师职业技能标准》知识技能点为内容取舍依据，结合中等职业教育教学与学生实际，采用工单活页式方式架构本教材内容。为适应“互联网+职业教育”的教育改革环境，变革传统学科教育模式，以“任务”方式组织各类资源，提炼中职学生认知范围内的知识技能点，以“工单”形式下达学习观察与实际操作任务。每个任务通过任务描述，引导学生明确任务要求，理解能力三大目标要求，进而进行知识准备（即任务）与学习环境及具体材料准备；通过制订计划、任务实施、任务评价三大模块，推进与完成工作任务；最后以多维评分表量化工作任务，评价本次任务完成质量。

在教材内容组织设计上分为了 4 个模块，即直播电商认识、直播准备工作、直播营销与售后复盘。“直播电商认识”设计了“认识直播电商”“熟悉直播电商平台规则”“掌握直播电商法规”与“组建直播电商团队”4 个任务；“直播准备工作”设计了“直播电商宣传准备”“直播电商设备、软件与材料准备”和“直播电商风险评估”3 个任务；“直播营销”设计了“直播营销预演”和“直播营销售卖”2 个任务；“售后复盘”设计了“直播电商售后”与“直播电商复盘”2个任务。全书共11个任务，每个任务均由任务描述、任务要求、任务目标、任务准备、制订工作计划、任务实施和任务评价共7个方面构成。通过工单这根“任务线”把各任务的具体知识点、技能点串联起来，体现了职业教育生活即教育，职业教育实施应该是先做再学、边做边学、做学结合的教育观。

本教材是集体协作的成果，全体编者老师共同参与谋划，完成教材的编写。由于编者水平有限，书中难免存在不足之处，敬请读者批评指正！

编　者

2023年11月

CONTENTS

目　录

模块一：
直播电商认识

任务一 认识直播电商

任务描述

嘉懿是一名中职毕业学生，其父母在家乡经营着一家儿童服装店。为了帮助父母增加实体店铺销量，嘉懿利用业余时间在淘宝平台开了一个同一名称的网店。但大半年时间之后，网店的经营并不如意。随着直播电商的兴起，越来越多的知名博主转型直播带货，也有越来越多的素人博主开始直播。打通直播销售渠道，不仅可以增加店铺曝光，还能带来销量增加。

嘉懿蠢蠢欲动，把自己的想法与父母沟通。其父母虽然看过且赞同店铺直播，也向直播商家咨询过怎么做，可是一家人还是有许多问题：直播、直播电商究竟是什么？直播电商经历了哪些发展？又有哪些特点，能给店铺经营销售带来什么影响？带着这一系列疑问与思考，嘉懿开始尝试直播电商之旅。

任务要求

做直播电商，要了解直播电商的发展历程，明确直播电商与传统电商的区别，理解直播电商的含义，分析直播电商的特点，熟悉直播电商的经营模式，才能更好地满足消费者需求。

（1）理解什么是直播电商。

（2）了解直播电商的发展历程。

（3）对比传统电商，分析直播电商的特点。

（4）了解直播电商的运作模式。

（5）了解直播电商的类型。

任务目标

1. 知识目标

（1）了解直播电商的发展历程、运作模式与类型。

（2）掌握直播电商的含义与特点。

2. 技能目标

（1）能够对比直播电商和传统电商的区别。

（2）能够比较直播电商的运作模式与类型。

3. 素养目标

（1）培养正确认识直播电商基础知识的学习态度。

（2）养成践行直播电商活动的初步习惯、对直播电商的好奇心与探究欲望。

一、任务准备

（一）相关理论知识

1. 直播电商

1）直播

直播出现在互联网尚未普及前的众多的大众媒体上，广播电视直播就是早期人们非常熟悉的形式。今天如何定义直播呢?

直播作为一种流行的社交媒体形式，可定义为：直播是一种利用现代互联网络平台，以文字、音频和视频等多媒体形式，实现信息交互传播的播出形式。

2）电子商务

电子商务是指商务活动各环节的电子化、信息化和网络化，即利用现代信息技术手段进行的商务活动。《中华人民共和国电子商务法》第二条规定：本法所称电子商务，是指通过互联网等信息网络销售商品或者提供服务的经营活动。

3）直播电商产生的背景

（1）消费者需求的变化。

2023 年 3 月 2 日，新浪财经联合微热点研究院与黑猫投诉和中国品牌创新实验室共同推出《新消费市场洞察报告》，该报告指出，随着生活水平的提高，Z 世代消费者对商品的品质、服务和体验有了更高要求。传统电商模式虽然提供了便捷的购物方式，但无法满足这类消费者对商品真实展示和实时互动的需求。该报告提出了如图 1-1-1 所示的 Z 世代（1995-2009 年出生人口）新消费趋势。

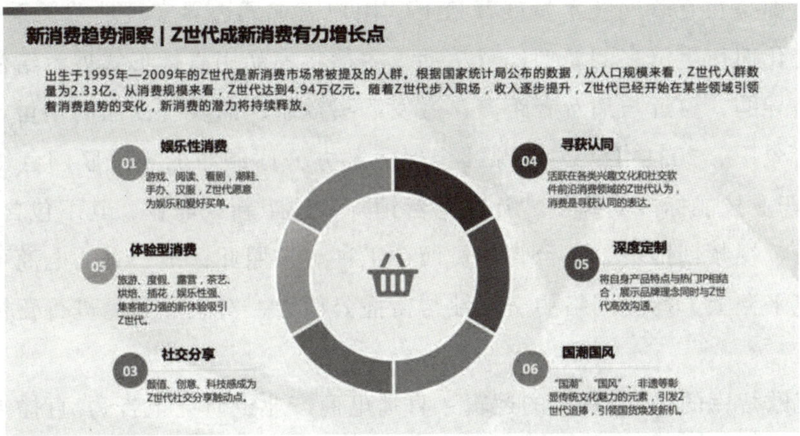

1-1-1　Z 世代（1995-2009 年出生人口）新消费趋势

（2）社交媒体的兴起。

社交媒体平台的普及为直播电商的发展提供了肥沃的土壤。通过社交媒体平台，商家可以更直接与消费者进行互动，传递商品信息，建立信任关系。

（3）技术的进步。

随着移动互联网、高清视频技术和支付系统的发展，为直播电商的兴起提供了技术支持。消费者可以通过手机、平板等移动设备随时随地观看直播，并方便地完成购物交易。

4）什么是直播电商

直播电商是基于互联网的重要应用，是商品的所有者、经营者或使用者利用网络直播手段开展电子商务活动的经营活动。直播或网络直播是经营手段，达成电子商务才是经营目的。直播电商平台架构体系如图 1-1-2 所示。

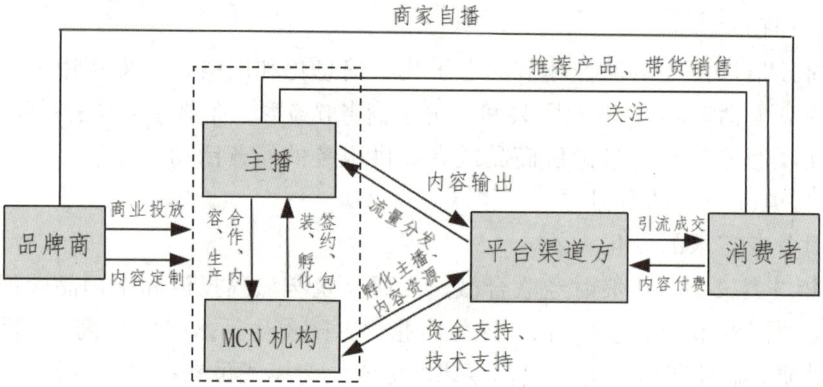

图 1-1-2　直播电商平台架构体系

直播电商是在互联网技术发展背景下，用户需求无边界实现消费关系中“人-货-场”地位变化而衍生出来的新型经营活动。主播将商品用直播形式展示给消费者，提供实时消费导购，拉近与消费者距离，激发购买欲望从而实现商品的销售。

在此背景下，2021 年人力资源社会保障部办公厅颁布的《互联网营销师（2021 版）》国家职业技能标准明确了“互联网营销师”这个新兴职业，其下包含了选品员、直播销售员、视频创推员、平台管理员四个工种。按照此标准，直播电商可定义为在数字化信息平台上，运用网络的交互性与传播公信力，对企业商品进行营销推广的商务活动。

根据亿欧智库的《“带货”的逻辑：直播电商产业链研究报告》，直播电商、传统电商、传统直播的对比如表 1-1-1 所示。

表 1-1-1　直播电商、传统电商、传统直播的对比

	直播电商	传统电商	传统直播
受　众	有购物需求、社交需求和娱乐需求的消费者、批发商	有购物需求的消费者	社交需求和娱乐需求的消费者
展现形式	直播、图文、视频	图文、视频	直播
互动形式	直播、文字、图片	文字、图片	直播
盈利方式	销售额分成+打赏分成+营销推广	销售额分成+营销推广	打赏分成

2. 直播电商的发展历程

直播起源于 2005 年，直播场所从 PC 端转向移动端发生在 2016 年。2016 年是中国直播电商起源年，其后经历了初步发展、逐渐成型到快速增长三个阶段，直播电商渐渐形成一个完整产业链，初步建立起行业规范，呈现多元的主播体系和观看消费者群体。直播电商的发展主要包括初步发展期、逐渐成型期、快速增长期。

1）初步发展期（2016 年）

这个阶段电商平台、短视频平台陆续上线直播，其中短视频平台尝试开展电商、付费等商业应用。快手在 2016 年 1 月上线直播，蘑菇街在 2016 年 3 月推出直播电商，淘宝在 3 月试播并在 5 月正式推出直播平台，京东在 2016 年 9 月上线直播。

2）逐渐成型期（2017—2018 年）

这个阶段出现多元化的主播身份（从明星网红到素人）与直播品类，行业中出现 MCN 机构（即 Multi-Channel Network 的缩写，属于媒介+内容+商业的网络经纪公司运营模式）。平台内嵌直播频道日渐重要，扶持内容创作的"内容补贴"成为各大平台的转型战略并建设自有供货平台。2017 年 7 月苏宁 APP 上线直播，抖音在同年 11 月上线直播，淘宝在同年 11 月直播并且达到过单日场次规模过万且观看人次累计上亿的纪录。2018 年 3 月亚马逊尝试直播，抖音试水直播电商且添加购物车链接到大账号中，快手与有赞合作在 2018 年 6 月上线"短视频电商导购"并增设快手小店，京东时尚的"京星计划"在 2018 年 8 月启动直播带货。

3）快速增长期（2019 年至今）

进入 2019 年以来，直播电商行业交易额暴涨，导致行业标配化、主播身份多元化以及强化直播电商供应链建设等促成了直播电商的精细化运营。2019 年 4 月微信试水直播电商，天猫在 2019 年 11 月的"双 11"直播引导促成了平台近 200 亿的成交额。《2021 抖音电商国货发展年度报告》显示，2021 年抖音电商国货品牌销量同比增长 667%，其中美妆品类国货销量上涨 696%；国家统计局数据显示，2021 年社会消费品零售总额超过 44 万亿元，其中，直播电商市场份额占比约 5%。

3. 直播电商的特点

1）实时性

直播电商的最大特点就是实时性。观众可以实时观看主播的展示和介绍，并与主播进行互动，获得及时的反馈。

2）互动性

直播电商提供了一个互动的购物环境。观众可以通过弹幕、评论、连线等方式与主播和其他观众进行互动，分享购物心得，增强了购物的趣味性和参与感，有助于提高购买意愿。

3）直观性

相对于传统电商的图片、视频展示，直播电商可以通过主播的讲解和演示，更全面生动地展示商品外观、功能和使用方法。很多主播还会在商品展示过程中覆盖商品相关使用知识教学等内容输出，如服装搭配测评、美妆技巧、烹饪技巧等。丰富的内容输出有助于消费者更好地了解产品，提高购买决策的准确性。

4）精准性

直播电商是在大数据基础上的互联网新零售模式，直播电商平台会根据消费者的浏览、购买记录等，为其推荐相关商品和内容。这种精准推荐有助于提高消费者的满意度和留存度。

5）社交性

直播电商是在直播基础上诞生的，直播本身的社交属性依然保留。观众与主播的互动形成了一种社交氛围，让消费者更容易信任和实现购买。直播电商的主播通常具有一定的粉丝基础和影响力，他们的个人魅力也会给观众带来信任度，因此他们的推荐和评价对观众的购买决策也具有较大的影响，特别是知名博主、明星、网红等。

4. 直播电商的运作模式

直播电商作为基于“新基建”技术上的新型零售业态，形成全新品牌推广渠道，加速商品知名度与品牌认同感。直接销售和直观展示提高了购买决策实施的便利性和准确性，促进销售额的增长，突破线下销售“人-货-场”局限，触达到更多潜在消费者，扩大了市场份额。据《2023 直播电商趋势报告》分析，主要网购平台电商与直播电商发展的业务场景如图 1-1-3 所示。

1）主播带货

主播带货是指通过直播间里的主播等出镜者与观众互动，向观众展示商品并进行详细介绍、演示商品，引导观众下单购买等操作的直播电商模式。这种模式适用于直播出镜者拥有较好的个人影响力和号召力、商品具有较高品牌知名度并且拥有相当规模消费群体的商品直播。

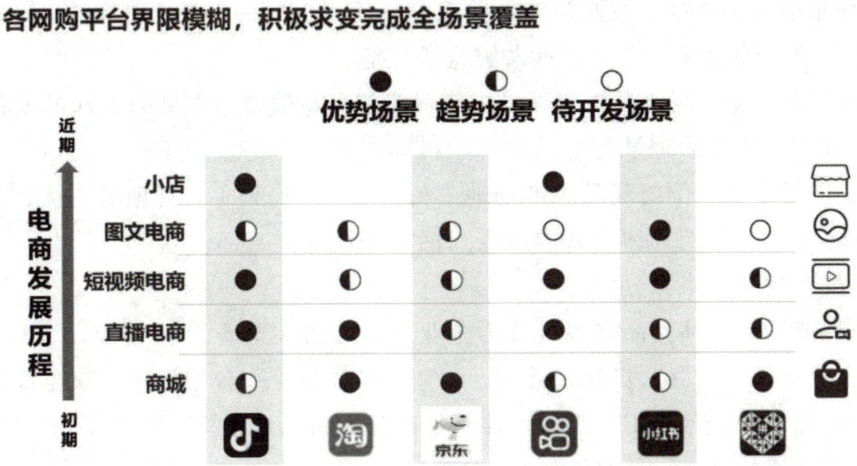

图 1-1-3 主要网购平台电商与直播电商发展的业务场景

2）KOL 直播

KOL 直播是指由社交媒体上的知名博主或名人，通过直播对商品的介绍、演示或试用等方式，吸引粉丝或观众购买，属于代言推广某种商品的一种直播电商模式。此种模式适用于消费者在一定程度上认可博主或名人，愿意以博主或名人的个人魅力为背书信任其代言的商品。这种模式可以提升代言商品的品牌知名度，提升商品直播的粉丝数量。

3）直播间+电商平台

直播间+电商平台模式是指将直播与电商平台结合起来，观众在直播间中浏览商品信息、随时下单购买的一种直播电商模式。此种模式并非单纯依靠直播出镜者或 KOL 的影响，而是依靠电商平台的商品品类特性以及配送与物流服务形成的用户黏性和订单量，因此这种模式适用于注重商品品质的商品直播。

综上所述，可以根据直播商品特性与定位、消费者偏好、直播出镜者人设、直播场景等具体情况和需求来选择合适的直播电商模式，发挥好直播电商的带货优势，实现经营目标。

5. 直播电商的类型

按照直播形态和直播商品来源的不同，直播电商的分类形式主要包括：

（1）按直播形态分类。

直播电商按照直播形态可分为卖货型、场景引入型、教学型和供应链型。

① 卖货型直播：以考核直播销售数据为重点的直播，典型直播形式包括美妆护肤经验、鞋服箱包、珠宝玉石、工厂（商品）秒杀等。

② 场景引入型直播：主要是展示消费商品使用功能的直播，通常的运动健身、厨具、家居、家具等的场景功能展示采用这类直播。

③ 教学型直播：围绕具体课程的内容教学进行的直播，常见的直播形式包括农特商品生产管理、乐器乐理学习与演奏、学科知识与应用等。

④ 供应链直播：围绕商品生产场地、制作工艺（流程）与管理的直播，通常的户外、珍珠、水产、果园等体验式或融入式活动采用这类直播。

（2）按直播商品来源分类。

电商直播按照直播商品来源可分为企业直播与达人直播。

① 企业直播：是商家自播，是基于淘宝、拼多多等平台的商家，依托自有品牌直播商品的直播形式。这类直播主要针对企业自有商品，用户多为企业自有品牌的粉丝，粉丝关注该品牌的动态、新品。

② 达人直播：是基于淘宝、快手、抖音等平台的达人主播，依托自有粉丝进行的直播。这种直播方式具有直播商品多样化、商品品类较为丰富、内容生产能力强、粉丝对主播信任度较高的特点。

6. 直播电商产业链

直播电商产业链由供应端、直播服务商和需求端构成。上游供应端主要包括商品供应方（如厂商、品牌商、经销商、原产地等）；中游主要包括直播服务商、渠道平台（如电商平台、内容平台、社交平台等）以及主播（如网红达人、明星艺人、企业家及其他主播）；下游的需求端主要为消费者。品牌方/厂商对接电商平台提供货源，对接MCN机构或主播，确定直播内容方案，引入直播平台进行内容输出，最终引导消费者在电商平台实现变现转化。电商平台、直播平台、MCN/直播为主要受益者，其收益一般来自按成交额的一定比例收取的佣金。

直播电商产业链如图1-1-4所示。

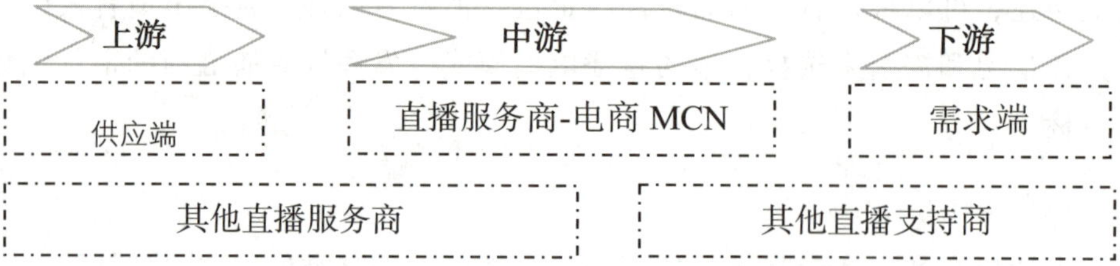

图1-1-4　直播电商产业链

（二）设备、工具准备

为了认识直播电商，每个工作团队（小组）需要向直播电商店家（公司）内物业（品）工作人员提供借用工具清单，如表1-1-2所示。

表 1-1-2　认识直播电商任务借用工具清单

序号	名称（型号、规格）	数量	借出时间	学生签名	归还时间	学生签名	管理员签名
1							
2							
3							
4							

（三）材料准备

为了认识直播电商，每个工作团队（小组）需要向直播电商店家（公司）内物业（品）工作人员提供领用材料清单如表 1-1-3 所示。

表 1-1-3　任务领用材料清单

序号	名称（型号、规格）	数量	借出时间	学生签名	归还时间	学生签名	管理员签名
1							
2							
3							
4							

（四）团队（小组）方案

按销售服务内容，将学生分为若干团队（小组），每个团队（小组）根据工位要求由 3-5 人组成，指定 1 人为团队（小组）长、2 人为材料管理员，材料管理员负责材料领取分发，团队（小组）长负责本组工作任务的计划、讨论汇总及实施，填写本团队（小组）成员在工作任务实施过程中的相关记录表。

二、制订工作计划

（一）拟订任务安排

1. 任务下达

2. 任务目的与描述

3. 任务完成条件

4. 任务过程（完成流程）

5. 阶段任务成果

6. 任务完成成果

（二）任务工单

认识直播电商的任务工单如表 1-1-4 所示。

表 1-1-4　认识直播电商任务工单

任务名称				任务用时		直播室号（工区）	
组　别		组长		指导教师		指导师傅	
任务人姓名		任务年月		团队成绩		个人成绩	
任务设备				任务场所		完成时长	
任务描述							
任务要求							
实施记录							
任务结论							
任务检查		组长检查		教师检查		师傅检查	

三、任务实施

（一）任务内容

1. 直播电商

（1）什么是直播？

（2）什么是直播电商？

2. 直播电商的发展历程

（1）直播电商发展历程？

（2）各阶段的主要特点？

（3）比较抖音、淘宝、京东、快手的电商场景区别。

3. 直播电商的特点

（1）直播电商有哪些特点？

（2）新消费增长中，Z 世代有哪些消费特点？

4. 直播电商的运作模式

（1）如何认识主播带货特点及其适用场合？

（2）如何认识 KOL 带货特点及其适用场合？

（3）如何理解直播间+电商平台的直播模式？

5. 直播电商的类型

（1）从直播形态上如何区分直播电商类型？

（2）直播电商类型在产品来源上如何区分？

（二）工作任务实施

1. 工作展开

（1）查找资料：2016 年哪家公司率先引入电商内容直播，增加了直播购物功能？淘宝、京东等传统电商平台是在什么时候上线直播功能？现有常见直播平台有哪些，不同的直播平台直播内容是否有区别？搜集从 2016 年至今直播电商年交易额，对比增长速度。

（2）思考讨论：相对于传统电商，直播电商在哪些方面有什么样的变化？

（3）总结评价：形成任务实施结论。

2. 工作记录

（1）任务布置（3 min）。

各团队（小组）长根据任务内容分配团队成员任务。

（2）资料搜集（10 ~ 15 min）。

各团队成员独立完成信息、资料的搜集和整理。

（3）小组讨论（7 min）。

汇总各成员搜集的资料，讨论形成初步结论。

（4）总结评价（3 min）。

团队（小组）长汇总形成小组最终结论。

3. 实施注意事项

根据直播具体计划与商品安排，直播注意事项主要包括：

（1）使用网络搜集直播电商概念、特点等资料时，注意辨别相关直播电商概念、特点等网络信息的真假，树立正确的直播电商基本认识。

（2）独立搜集，集中讨论，不得相互抄袭。

（3）准确理解任务要求，制订好工作计划，逐项填制任务工单，做好任务评价。

（4）控制任务完成进度，确保达成任务质量目标，各小组在老师规定的时间范围内完成相应任务并提交任务总结。

四、任务评价

（一）成果展示

1. 各团队（小组）派代表展示任务成果

2. 其他团队（小组）提出的改进建议

（二）评估总结

1. 学生自我评估与总结

2. 团队自我评估与总结

3. 教师指导评估与总结

4. 师傅指导评估与总结

（三）团队对工作岗位“6S”处理

在团队（小组）和教师都完成工作任务总结以后，各团队（小组）必须对自己的工作岗位进行“整理、整顿、清扫、清洁、安全、素养”检查；归还所借的工量具、场景道具和模拟工件。

（四）评价表

认识直播电商任务完成情况评价如表 1-1-5 所示。

表 1-1-5　认识直播电商任务完成情况评价表

班级：________________

团队（小组）：________________

姓名：________________

指导教师：________________　带岗师傅：________________

日　　期：________________　日　　期：________________

评价项目	评价标准	评价依据	评价方式				权重	得分小计
			学生自评(20%)	团队自评(30%)	教师导评(20%)	师傅导评(30%)		
职业素养	（1）遵守企业规章制度、劳动纪律； （2）按时按质完成工作任务； （3）积极主动承担工作任务，勤学好问； （4）人身安全与设备安全； （5）工作岗位“6S”完成情况	（1）出勤； （2）工作态度； （3）劳动纪律； （4）团队协作精神					0.3	
专业能力	（1）熟悉直播电商基础知识； （2）能正确理解直播电商的概念； （3）能清楚区分并掌握直播电商特点	（1）操作的准确性和规范性； （2）工作页或任务实施总结完成情况； （3）专业技能任务完成情况					0.5	
创新能力	（1）在任务完成过程中能提出有一定见解的方案； （2）在教学或生产管理上提出建议，具有创新性	（1）方案的可行性及意义； （2）建议的可行性					0.2	
合计								

任务二
熟悉直播电商平台规则

任务描述

嘉懿萌生直播卖货想法后，开始关注直播电商平台。她了解到由于现代通信技术、网络技术与计算机技术等信息科技的飞速发展，带来了移动互联网的高速发展与广泛应用。自 2005 年以来，出现了大量的基于移动互联网应用的直播平台，包括直播游戏的、直播才艺的、直播卖货的等。

嘉懿既然打算通过直播卖货，首先她必须先学习各大电商直播平台的直播技巧与直播带货的规则；再结合自身的实际情况，去选择与自身条件和资源相匹配的直播电商平台。针对嘉懿的情况，想要通过直播带货方式销售自家的商品，她应该通过什么渠道去熟悉常规直播电商平台与入驻规则？并选择一个适合自己的直播平台呢？请跟着嘉懿的步伐，开始今天的学习吧。

任务要求

在对直播电商有了初步认知之后，需要熟悉直播电商平台及其入驻规则，并选择一个适合的直播平台开展直播。

（1）了解直播平台分类及各自特点、盈利模式。

（2）熟悉抖音、淘宝平台直播开通条件及新手须知。

（3）掌握直播平台的分析维度。

任务目标

1. 知识目标

（1）了解直播平台分类及各自特点。

（2）熟悉“淘宝”“快手”“抖音”直播平台入驻规则。

（3）掌握直播平台分析维度。

2. 技能目标

（1）能够对比区别各直播平台特点。

（2）能够针对自身情况选择合适的直播平台。

（3）能够准备入驻直播平台的相关资料。

3. 素养目标

（1）培养正确认识直播电商平台的学习态度。

（2）对直播电商保持好奇心与探究欲望。

一、任务准备

（一）相关理论知识

1. 直播平台类型分析

直播平台作为直播内容输入输出渠道，在直播行业与直播产业链上占据重要地位。不同直播平台的受众人群、直播输出内容信息、直播盈利模式均有差异。无论是个人还是商家，要选择合适的直播平台进行营销活动，需要了解直播平台的类型、直播内容输入输出特点、直播受众群体区分定位、直播服务与盈利模式要求等。据《2020年中国直播电商生态研究报告》分析，各类直播平台的特点如图1-2-1所示。

平台	淘宝直播	京东直播	小红书	拼多多	快手	抖音
平台属性	电商	电商	内容＋电商	电商＋社交	社交＋内容	社交＋内容
电商载体	站内成交	站内成交	站内成交为主	站内成交	淘宝、天猫、有赞、京东、拼多多、快手小店、魔筷星选	淘宝、天猫、京东、抖音小店
带货KOL属性	头部主播高度集中，代表主播：薇娅、李佳琦	全力扶持商家自播与代表主播	美妆和时尚博主居多	目前以中小主播为主，顶级直播粉丝数约82万	代表主播：辛巴、散打哥	代表主播：罗永浩、正善牛肉哥
带货商品属性	淘宝体系内全品类，价格区间广	全品类，依靠孵化超级红人＋推荐优质产品	美妆类为主，价格偏高	低价白牌商品为主，家具生活类最多，其次为服饰食品	高性价比的白牌商品较多，产业带直播比重较大	美妆＋服装百货占比高，商品价格集中0~200元的，有一定知名度的品牌
带货模式	商家自播和达人导购模式	为超级“网红”提供优质商品	种草笔记为主，直播＋测评笔记共同发力	直播更像是一种展示工具和服务形式	达人直播、打榜、连麦等	短视频＋直播，内容驱动
机会点	内容矩阵、流量扶持以及强大的供应链	商家持续入驻和庞大的用户基础	用户活跃度与黏性高，流量精准，适合品牌货	与微信的生态系统打通，适合店铺私域流量的运营	擅长维护高价值的私域流量，转化率较高，带货能力强	用户的消费能力更高，内容驱动，品宣效果好
转化率	很高	未知	未知	未知	较高	中等
客单价	低中高	较高	较高	较低	中等	较低

图1-2-1　各类直播平台的对比分析

根据直播输出内容特点，当前的直播平台可分为游戏类、娱乐类、短视频类、电商类、教育类等五种直播平台。

1）游戏类直播平台

游戏直播伴随着游戏产业的兴起而发展，通过评论、弹幕等与用户实时交互，以游戏直播内容为主的直播平台，如斗鱼直播、虎牙直播、企鹅电竞、战旗直播、龙珠直播等。

游戏类直播平台之所以被大量游戏玩家与爱好者认可追捧，是因为其游戏内容的输入输出具有很高的趣味性。平台直播出镜者可以获得游戏推广佣金、电商变现、商品代言、用户“打赏”等收入。

2）娱乐类直播平台

娱乐类直播是与主播高度相关的直播类型，直播的主要内容在于观众和主播的交流互动，带有较强的情感色彩与社交属性，如 YY 直播、花椒直播、映客、酷狗直播等。

娱乐类直播平台奉行“有趣、有味、有料”，涉及的内容包括娱乐新闻、才艺展示、生活趣闻、聊天互动、户外活动等多视角板块。平台直播出镜者可以获得流量变现和用户“打赏”等收入。

3）短视频类直播平台

短视频类直播平台是基于多样化直播场景与更加丰富的直播内容，以发布短视频为主并开通直播功能的直播平台，如抖音、快手、西瓜视频、美拍、秒拍、微视等，其中抖音与快手拥有海量的短视频类直播用户。

短视频类直播平台的用户可以上传、发布短视频或开通直播，平台出镜者可以在直播间添加商品链接，引导粉丝点击链接并跳转到电商平台购买商品。

4）电商类直播平台

电商类直播平台是基于传统电商平台的，以引导经营与销售为目的而提供直播服务的直播平台，如淘宝直播、京东直播、多多直播（拼多多直播平台）、小红书直播、蘑菇街直播、苏宁易购直播等，其中淘宝直播因切入电商直播时间较早并且具备完善商品供应链和庞大用户基数等优势成为直播行业领头羊。

电商类直播平台是实时的一对多互动，在直播中真实展示、销售商品，平台出镜者实时展示商品的详情、优缺点、使用效果等信息，消费者在观看直播并与主播互动过程中了解商品、下单购买商品，在“实时+展示+互动”过程中完成商品“导购”流程，实现经营、销售的目的。

5）教育类直播平台

教育类直播平台是基于教育各细分领域，以文字、语音等方式支持师生之间实时互动实现知识变现的直播平台，如基于传统教育平台加直播的网易云课堂、沪江英语以及独立直播课程的荔枝微课、千聊、短书、小鹅通等。

教育类直播平台在直播过程中，教师通过语音、PPT 或视频录播的形式向学员传授知识，随时关注讨论区中学员的留言，并及时进行集中回答或实时答疑讲解，加强教师与学员之间高效互动沟通。另外，可以同步进行教师教学课程的录制和分享，学生可以随时回顾学习内容。

2. 直播平台入驻规则

2022 年 6 月 8 日，国家广播电视总局、文化和旅游部印发的《网络主播行为规范》（广电发〔2022〕36 号）对网络主播的网络表演及文化视听节目服务做了明确规定。

1）开通运营直播必知规则

（1）禁止发布反对宪法所确定的基本原则及违反国家法律法规的内容；

（2）禁止发布危害国家安全、泄露国家秘密、颠覆国家政权、破坏国家统一的内容；

（3）禁止发布宣扬恐怖主义、极端主义或者煽动实施恐怖活动、极端主义活动的内容；

（4）禁止发布破坏国家宗教政策、宣扬邪教和封建迷信的内容；

（5）禁止发布散布淫秽、色情、赌博、暴力、凶杀、恐怖或者教唆犯罪的内容；

（6）禁止以任何方式诱导打赏；

（7）禁止发布任何侵害未成年人合法权益、损害未成年人身心健康的内容；

（8）禁止发布任何危害或可能危害自身或他人生命健康、财产安全的内容；

（9）禁止不当评述自然灾害、疫情、重大事故等灾难；

（10）禁止发布侵害他人合法权益或危及公众利益的内容。

自 2016 年国家新闻出版广电总局制定首个网络直播监管政策以来，相关部门针对网络直播行业已出台多个监管文件，监管细节凸显了网络直播监管的复杂性。近年来国家相关部门出台的网络直播行业监管政策见表 1-2-1。

表 1-2-1　网络直播行业监管政府统计

时间	主管部门	文件名称
2016 年 9 月	国家新闻出版广电总局	关于加强网络视听节目直播服务管理有关问题的通知（新广电发〔2016〕172 号）
2018 年 2 月	国家新闻出版广电总局	关于加强网络直播答题节目管理的通知（新广电发〔2018〕26 号）
2018 年 8 月	全国“扫黄打非”工作小组办公室、工业和信息化部、公安部、文化和旅游部、国家广播电视总局、国家互联网信息办公室	关于加强网络直播服务管理工作的通知
2019 年 10 月	国家广播电视总局	关于加强“双 11”期间网络视听电子商务直播节目和广告节目管理的通知（广电办发〔2019〕275 号）
2020 年 11 月	国家市场监督管理总局	市场监管总局关于加强网络直播营销活动监管的指导意见（国市监广〔2020〕175 号）

续表

时间	主管部门	文件名称
2020 年 11 月	国家广播电视总局	关于加强网络秀场直播和电商直播管理的通知（广电办发〔2020〕785 号）
2021 年 02 月	国家互联网信息办公室、全国“扫黄打非”工作小组办公室、工业和信息化部、公安部、文化和旅游部、国家市场监督管理总局、国家广播电视总局	关于加强网络直播规范管理工作的指导意见（国信办发文〔2021〕3 号）
2021 年 03 月	国家市场监督管理总局	网络交易监督管理办法（国家市场监督管理总局令第 37 号）
2021 年 04 月	国家互联网信息办公室、公安部、商务部、文化和旅游部、国家税务总局、国家市场监督管理总局、国家广播电视总局	网络直播营销管理办法（试行）
2022 年 03 月	国家互联网信息办公室、国家税务总局、国家市场监督管理总局	关于进一步规范网络直播营利行为促进行业健康发展的意见（税总所得发〔2022〕25 号）
2022 年 04 月	国家广播电视总局网络视听节目管理司、中共中央宣传部出版局	关于加强网络视听节目平台游戏直播管理的通知（网函〔2022〕27 号）

相关部门出台多个文件持续规范网络直播行为，强化协同监管，完善综合治理体系，确立了网络直播平台的入驻规则。

（1）强化准入备案管理。

① 开展互联网新闻信息服务、网络表演直播服务、网络视听节目直播服务必须持证或备案准入。一是涉及上述直播业务的网络直播服务提供者应当分别向相关部门申请取得相关许可，并到属地公安机关履行公安备案手续。二是网络视听平台只能在许可范围内开展直播服务。三是未经批准，任何机构和个人不得在互联网上使用“电视台”“广播电台”“电台”“TV”等广播电视专有名称开展业务。

② 明确了开展网络视听节目直播活动的报审、报备管理要求。一是开展重大政治、军事、经济、社会、文化、体育等活动、事件的实况直播前 5 天，开展一般社会团体文化活动、体育赛事等组织活动的实况直播前 48 小时，应将拟直播的活动相关信息报所在地的省级广电行政部门备案。二是开设网络直播答题节目，应提前 5 天将拟直播的具体节目信息通过“网络视听节目信息备案系统”备案，备案通过后方可上线播出。三是以直播节目形式举办电商节、电商日、促销日等主题电商活动，应提前 14 个工作日将活动嘉宾、主播、内容、设置等信息报广播电视主管部门备案。四是游戏直播节目上线、播出及版面设置应按直播节目相关要求报送广电行政管理部门；网络视听平台（包括在相关平台开设的各类境内外个人和机构账号）直播境外游戏节目或比赛应

经批准后方可开展相关活动。五是社会知名人士及境外人员开设直播间，应提前向广电主管部门报备。

（2）确保导向正确和内容安全。

坚持正确导向，加强互联网新闻信息、网络视听节目、电子商务和广告节目、游戏直播节目管理。

（3）压紧压实平台主体责任。

平台承担主体责任。平台必须完善管理制度、强化内容审核、加强对弹幕与评论等互动环节的管理，严格执行账号分级分类管理、信息报备和存留管理，建立健全信息安全管理制度。

（4）明确网络直播发布者法律责任。

应用法律武器管理网络直播。要求落实网络直播实名制注册、完善黑名单制度、规范网络直播行为、加强网络主播规范引导。

（5）规范网络直播经营行为。

健全直播“打赏”服务管理规则，维护用户合法权益，规范税收和征缴义务。

（6）加强未成年人保护。

网络直播的监管机构、行业组织、直播实施组织或机构、直播从业人员等必须强化对未成年用户的识别和管理，健全未成年人保护机制，不得向未成年人提供充值、打赏服务。

2）淘宝直播平台入驻规则

以淘宝直播平台为例，详细介绍淘宝直播平台的入驻规则。入驻淘宝直播平台开通直播权限无须缴纳任何费用，店铺入驻保证金属于店铺问题。

（1）直播入驻条件/要求。

① 淘宝或天猫店铺入驻直播须符合类目要求，限制的推广商品类目无法入驻。需要注意的是，淘宝直播的推广限制类目可能会随时发生变化，商家在进行推广之前最好咨询淘宝客服或查阅相关政策。

② 淘宝或天猫店铺入驻直播须符合基础营销规则和综合竞争力的要求，校验店铺综合数据，包括但不限于以下数据：店铺品牌影响力、店铺 DSR 动态评分、品质退款、退款纠纷率、消费者评价情况、虚假交易、店铺违规等（系统自动校验）。

③ 达人入驻直播基本无要求。若系统中存在由该身份证注册的账号或已入驻过直播，则无法再次入驻。

④ 若账号绑定的支付宝是海外支付宝，暂无法进行实人认证，故无法入驻。

⑤ 直播入驻需要实人认证（天猫店铺不涉及），直播账号实人认证一个身份证件只能开通一个直播账号，比如个人主播/淘宝店铺只能开通一个直播账号。

（2）入驻直播操作步骤。

① 淘宝主播 APP 下载后，商家使用店铺主号，达人使用后续开播的账号登录“淘宝主播 APP”，如图 1-2-2 所示。

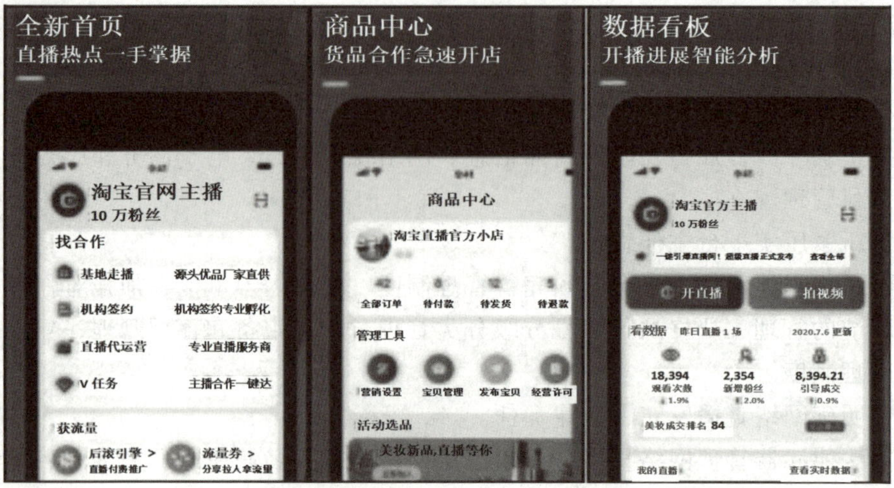

图 1-2-2 下载、登录淘宝主播 APP

② 勾选协议并根据提示进行实人认证（企业店铺无须实人认证），如图 1-2-3 所示。

图 1-2-3 实人认证

③ 实人认证通过即代表直播发布权限已开通。

④ 开播前需学习直播规则。学习路径：【淘宝主播 APP】-【我的】-【体检中心】-【规则学习】查看直播规则视频讲解，如图 1-2-4 所示。

图 1-2-4　直播规则学习的路径

注意事项：入驻提示类目不符合，说明店铺类目暂不支持开通直播。限制类目可查看“淘宝直播平台限制推广商品的实施细则”对应类目；若同行的限制推广类项目成功入驻直播，说明该项目是邀约开通的，目前无法主动申请开通；新入驻店铺，且店铺商品无销量的商家入驻会提示类目不符合要求，需要先有销量且 24 小时后再入驻；入驻直播提示“该账号不能入驻！您的综合竞争力不足～”则说明店铺的综合数据不符合直播要求，目前无法开通。系统提示账号不能入驻如图 1-2-5 所示。

（3）入驻入口。

① IOS 手机可通过“APP store”检索“淘宝主播 APP”下载软件，点击页面的“立即入驻”即可。

② 安卓手机可通过“应用市场”搜索下载“淘宝主播 APP”入驻。

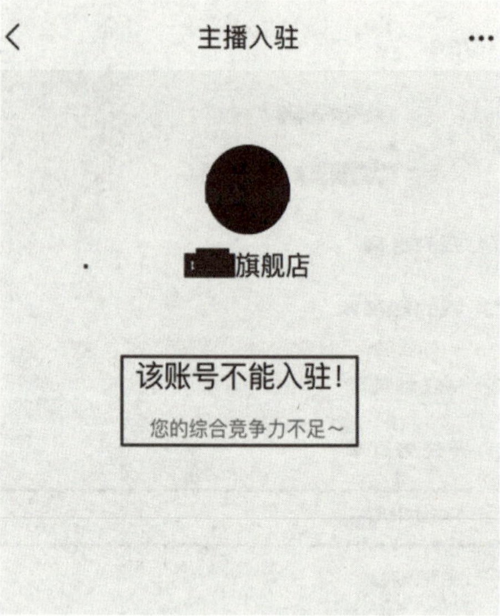

图 1-2-5　账号不能入驻

（4）开通直播要求。

① 主播准入要求见表 1-2-2。

表 1-2-2　主播准入要求

角色	准入要求
达人	淘宝会员可经由淘宝直播平台入驻成为达人主播，必须满足： （1）如为个人，须年满 18 周岁且完成个人实人认证（同一身份信息下只能允许 1 个淘宝账户入驻）； （2）如为企业，须完成企业实名认证（同一营业执照下允许不超过 10 个淘宝账户入驻）； （3）如淘宝/天猫平台卖家申请成为达人主播须具备一定的店铺运营能力和客户服务能力； （4）账号状态正常，且具备一定的推广素质和能力，满足淘宝直播平台的主播要求，账号实际控制人的其他阿里平台账户未受到过严重违规行为处罚（包含但不限于：出售假冒商品、发布违禁信息、骗取他人财物等）或发生过严重危及交易安全、发布交互风险信息等情形
商家	商家可经由淘宝直播平台入驻成为商家主播，必须满足： （1）在淘宝/天猫平台开设店铺，且店铺经营状态正常； （2）根据平台要求完成认证； （3）未经平台允许，店铺主营类目不可为限制推广的主营类目； （4）账号状态正常，且具备一定的推广能力，满足淘宝直播平台的主播要求，账号实际控制人的其他阿里平台账户未受到过严重违规行为处罚（包含但不限于：出售假冒商品、发布违禁信息、骗取他人财物等）或发生过严重危及交易安全、发布交互风险信息等情形； （5）对商家准入有特殊要求的，从其规定； （6）新开店铺且无销量商家无法校验到类目，入驻直播会提示类目不符，待有销量后再开通直播

② 若入驻直播时提示“该账号不能入驻，您的综合竞争力不足”，则说明您的店铺综合数据不符合直播要求，目前无法开通，需要先提升店铺的综合数据；达人入驻直播基本无要求，若已有账号存在达人身份的不允许重新入驻；若账号绑定的支付宝是海外支付宝，暂时无法进行实人认证，故无法入驻；若已有账号记录不良，是因为该账号被直播处罚 6 次后清退，永不入驻。

（5）直播账号数量规则。

非店铺账号：如账号没有开店，目前一个身份证件只能开通一个直播账号。如身份证件下已有达人身份的账号、开播权限的账号，则无法再使用其他账号申请入驻，也不支持换绑。

店铺账号：如账号有开店，如淘宝店、淘宝直播店、天猫店等，满足准入要求的店铺账号均可入驻淘宝直播。店铺注销后重新开店，满足准入要求也可重新再入驻淘宝直播。若其中一个店铺被处罚清退，不会影响其他店铺已有的开播权限。

如同时拥有多个个人账号、店铺账号，则个人账号只能入驻一个账号享有开播权限和带货权限，店铺账号则均可以开通直播权限。

3）快手直播平台入驻规则

快手是一家非常火热的短视频社交平台，越来越多的商家以及个人纷纷进入其中，通过平台进行推广以及售卖商品。

（1）快手小店入驻须知。

① 快手小店暂未授权任何机构进行代理招募服务，入驻申请流程及相关的收费说明均以快手电商官方页面信息为准，可参见图 1-2-6 所示的入驻引导教程、快手小店入驻流程讲解、上传其他商品流程、上传快手商品流程等。

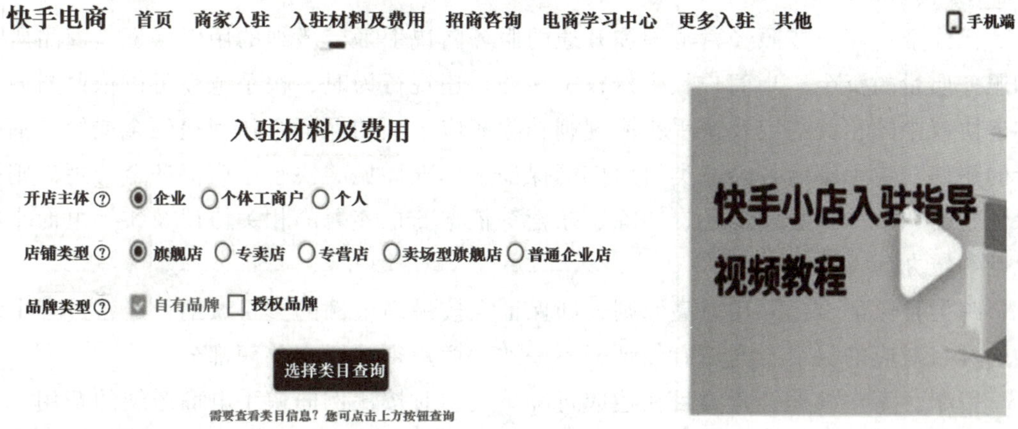

图 1-2-6　入驻材料及费用类目查询窗口

② 快手小店有权根据包括但不限于资质证明文件提交情况、经营状况、服务水平等因素退回商户入驻申请。

③ 快手小店有权要求商户在申请入驻及后续经营过程中提供其他资质。

④ 快手小店将结合行业发展动态、国家相关规定及消费者购买需求，不定期更新招募标准。

⑤ 商户必须如实提供资料和信息：申请入驻及后续经营阶段提供的相关资质和信息必须真实、完整、有效，一旦发现虚假资质或信息的，快手小店将不再与商户进行合作并有权根据快手小店规则及与商户签署的相关协议之约定进行处理。商户应如实提供其店铺运营的主体及相关信息，包括但不限于店铺实际经营主体、代理运营公司等信息，保证提供的联系方式等信息真实有效，快手小店、消费者或其他第三方可通过该联系方式与商户取得有效联系。

⑥ 入驻资质与限制

提供经营者身份证正反面。

经营类目及商品限制：除《快手小店开放类目及资质一览表》中类目及商品外，其他的暂不开放。

店铺规模限制：为了保障交易双方的权益，除部分类目外，以个人形式入驻快手电商小店的商户，经营总收入不宜过高。超过限额后将会限制快手电商小店功能，商户须补充国家规定的市场经营主体资质及相关类目和品牌资质，经快手官方审核通过后方可重新启用快手电商小店全部功能，升级为企业店铺。

同一主体重新入驻快手小店限制：商户因严重违规、资质造假被快手清退的，快手有权永久限制该商户及与该商户存在关联关系的其他账号。其他账号是否与该商户存在关联关系以快手官方评估结果为准。

退店须知：退店相关规则（含提取保证金）可参照《快手小店退店规则》。

⑦ 资费标准

保证金：商户按照经营范围和开通的服务向快手平台缴纳的用以保证其商品质量和服务质量的资金。当商户发生侵权、违约、违规行为时，快手电商可以依照与商户签署协议中的相关约定及快手小店规则扣除相应金额的保证金作为违约金或给予消费者的赔偿。快手小店各经营类目对应的保证金标准详见《快手小店保证金管理规则》。保证金的调整、补足、退还、扣除、赔偿等依据商户签署的相关协议及快手电商小店规则约定办理。

跨类目保证金：采用就高原则，即保证金按最高金额的类目缴纳；经营过程中增加的类目对应的保证金与原有保证金不一致，商户须补缴交差额部分。

费率：商户根据经营类目在达成每一单交易时按比例向快手电商缴纳的费用。

（2）个体工商户资质要求。

① 快手电商平台所有入驻主体的资质要求见表 1-2-3 所示。

② 各经营类目对应行业资质要求：这些分类目资质规定将不定期更新，具体可关注快手平台最新通知。

表 1-2-3　入驻主体资质要求

基础资质	资质类型	资质要求
主体资质	营业执照	（1）入驻主体应为中国大陆地区注册的个体工商户； （2）个体营业执照扫描件/复印件（须确保未在企业经营异常名录中）
	经营者身份证信息	（1）经营者身份证正反面扫描件或复印件（经营者需要与入驻个体工商户营业执照保持一致，支持港澳台、境外法人身份证明）； （2）如是复印件需本人签名加盖入驻方鲜章
	开店数量限制	经营者身份证正反面扫描件或复印件（经营者需要与入驻个体工商户营业执照保持一致，支持港澳台、境外法人身份证明）
商品品牌供应链凭证		（1）经营者身份证正反面扫描件或复印件（经营者需要与入驻个体工商户营业执照保持一致，支持港澳台、境外法人身份证明）； （2）如是复印件需本人签名加盖入驻方鲜章

备注：所有资质文件请提供彩色扫描件或复印件，其中复印件需加盖入驻主体的公章，公章必须为红色实章/鲜章。

（3）店铺资质要求。

快手电商对所有企业店铺（包括普通企业店、旗舰店、专营店、专卖店、卖场旗舰店）的资质必须满足的要求主要包括：

① 商户在快手电商开设店铺，不同店铺类型、不同经营类目（所属行业）所需资质内容及标准不同，详见《快手电商企业店铺准入资质标准》。商户提交资质需满足以下原则：真实性（商户确保提供的资质不存在伪造、变造等情况；若商户提供相关资质为第三方提供的，如商标注册证、授权书等，必须核实文件的真实性。若商户向快手电商提供伪造、变造资质，快手电商有权进行清退）、完整性（按流程上传、提交全部所需资质文件）、有效性（商户提交的相关资质需在有效期内）。

② 商户务必确保提交资质的真实性。商户向快手电商提供虚假资质的，快手电商有权限制其入驻，且限制其关联店铺的入驻。商户资质失效前 90 天起，快手电商资质后台会提醒商户其资质即将到期，商户须及时对资质信息进行更新，具体可通过商家后台 PC 端【店铺管理—店铺信息设置】进行查看和操作。如商户主体资质逾期未更新，自到期日起，平台将对全店自建商品进行下架处理，直到商户补齐相关资质并且审核通过后再解除店铺的销售限制。如商户品牌资质、行业资质逾期未更新，自到期日起，快手将先对店铺下的相关类目/品牌商品进行下架处理，直到商户补齐相关资质并且审核通过后再解除该店铺相关类目/品牌商品的销售限制。如商户主体资质、行业许可证照处于异常、注销、吊销等情况，平台将对店铺全店商品进行下架。

③ 快手电商有权对商户资质进行常规性的复检或特别复检。常规性复检适用情形主要包括：

a. 平台日常巡检。若在常规复检中发现资质不合格，商户须在平台要求的时间内按要求补充相关资质。若无法提供或提供的经营资质不合格的，快手电商将先行取消相应经营资质并下架相关商品；情节严重的，快手电商有权对店铺进行清退。

b. 特别复检。特别复检可适用于基于司法调查、行政监管、媒体报道、公众质疑等情形，快手电商有权对商户资质展开特别复检；基于市场秩序管理或交易纠纷处理中掌握的信息，快手电商有权对商户资质展开特别复检。若在特别复检中发现资质不合格的，快手电商将先行下架相关商品，商户须在 15 天内按要求补充相关资质；情节严重的，快手电商有权对店铺进行清退。在特别复检中商户未在规定时间内提交相应资质的，视同资质不合格。

④ 因商户提交虚假资质违反国家法律法规、国家政策或侵犯他人合法权益（包括但不限于知识产权）的，商户应当独立承担全部法律责任，由此导致快手电商及其关联公司或平台用户利益受损的，商户应当全额赔偿。

（4）快手店铺经营号、授权号开通及绑定规则。

① 店铺经营号是指在快手平台内开设个体店、普通企业店、旗舰店、专卖店、专营店、卖场型旗舰店的账号（无须商家自行申请）。授权号是指未开设快手店铺（或已关闭）但需开通电商达人身份，授权号分为店铺形象号和店铺人设号，其中店铺形象号指开通蓝 V 企业认证的授权号，店铺人设号指未进行蓝 V 企业认证的授权号。

② 授权号开通门槛要求店铺经营号的店铺体验分不少于 4.4 分，授权号带货口碑分不少于 4.4 分。

③ 形象号的绑定要求，店铺经营号与授权号任意一方开通了“蓝 V 认证”，蓝 V 认证主体与店铺经营号开店主体须保持一致（店铺经营号蓝 V 认证主体、店铺经营号开店主体、授权号蓝 V 认证主体三者保持一致）。

人设号的绑定要求：店铺经营号与授权号认证为同一主体，即人设号认证达人推广者身份主体与绑定店铺开店主体保持一致。授权账号昵称中体现“品牌”须与经营号店铺名称中的“品牌”保持一致；授权账号昵称中体现“店铺类型词”须与经营号电商店铺类型保持一致（店铺类型词：旗舰店/专卖店/专营店/个体店/企业店等）。

④ 开设卖场型旗舰店、旗舰店、专卖店、专营店的店铺经营号可绑定授权号的数量为 10 个；开设普通企业店、个体店的店铺经营号可绑定授权号数量 3 个；1 个授权账号只允许绑定 1 个店铺经营号。

⑤ 通过绑定，授权号商品列表页可手动添加经营账号店铺内商品，实现授权号 0 佣金推广经营号店铺内商品；通过绑定，经营号可在小店后台生意通内查看授权号交易、经营数据，实现经营号的数据信息互通。经营号店铺类型为官方旗舰店/旗舰店/专卖店/专营店/卖场型旗舰店/个体店/普通企业店的，绑定的授权号（含形象号和人设号）在商品列表、短视频/直播间小黄车仅允许展示绑定经营号的店铺商品，不允许借用分销选品中心推广其他货主商品。

入局快手电商的基本操作如图 1-2-7 所示。

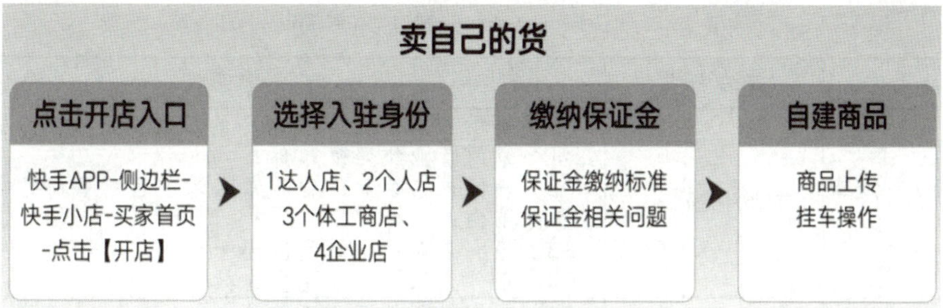

图 1-2-7　入局快手电商的基本操作

4）抖音直播平台入驻规则

（1）入驻须知。

① 入驻主体应为在中国大陆地区注册的个体工商户/企业/自然人。

② 个体工商户/企业经营范围及经营时间应在营业执照规定经营范围及经营期限内。

③ 售卖商品须包含在招商类目范围内并且具备相关资质。

④ 商品必须符合法律及行业标准的质量要求。

⑤ 商家应如实提供相关资质和信息材料，并依据法律法规和平台规则向消费者履行平台内经营者义务。

⑥ 平台有权根据平台类目管理、品牌需要及商家公司经营状况、服务水平等因素决定是否允许商家入驻。部分类目采用定向招商方式，具体要求可见各行业规范。

⑦ 平台有权在商家申请入驻及后续经营阶段要求商家提供其他经营资质。

⑧ 平台有权基于商品类目的特殊情形，如季节性商品不宜继续售卖、商品危险度提升等原因，经提前通知商家后，关闭相关商品类目。

⑨ 平台将结合国家相关法律法规、各行业发展动态、消费者购买需求及平台需要，不定期更新入驻标准。平台有权根据消费者体验、商家综合实力等因素调整部分商家的品牌资质要求。

（2）店铺类型。

① 平台目前包含七种店铺类型：官方旗舰店、旗舰店、专卖店、专营店、企业店、个体店、个人店，其中官方旗舰店、旗舰店、专卖店、专营店、企业店申请主体应为企业，个体店申请主体为个体工商户，个人店申请主体为自然人。

② 商家可根据主体和品牌授权及品牌力情况，选择不同的店铺类型，可参照抖音《店铺类型规范》。

③ 有关商家店铺类型的定义、命名规则、注意事项等，均需严格遵守《店铺类型规范》《店铺命名规范》。

④ 历史普通店依据主体身份不同分别适用企业店和个体店规则。

（3）入驻资质标准。

① 抖音直播平台入驻主体资质如表 1-2-4 所示。

表 1-2-4　入驻主体资质

入驻主体	基础资质	资质说明
企业/个体工商户	营业执照	（1）提供三证合一/二证合一的营业执照原件扫描件或加盖公司公章的营业执照复印件； （2）确保未在企业经营异常名录中且所售商品在营业执照经营范围内； （3）距有效期截止时间应大于 15 天； （4）证件须保证清晰完整有效
企业/个体工商户	法定代表人/经营人身份证	（1）需提供身份证的正反面； （2）身份证须使用二代身份证； （3）证件须保证清晰完整有效； （4）企业须提供法定代表人身份证，个体工商户提供经营者身份证； （5）境外法人可提供护照或中华人民共和国外国人永久居留身份证。如提供护照，需同时提交护照名称页的翻译件并加盖翻译机构公章
企业/个体工商户	银行账户信息	（1）提供银行账户名称、开户行和账号； （2）企业须提供开户主体与营业执照主体一致的对公账户
自然人	中国大陆二代身份证	（1）提供身份证照的正反面； （2）身份证须使用中国大陆二代身份证； （3）证件须保证清晰完整有效，距离有效期截止时间大于 1 个月； （4）身份证年龄须满 16 周岁

② 抖音直播平台入驻主体的品牌资质要求如表 1-2-5 所示。

表 1-2-5　入驻主体品牌资质要求

资质要求		官方旗舰店	旗舰店	专卖店	专营店	企业店	个体店	个人店
品牌力		高	高、中	高、中	高、中	高、中、低	高、中、低	高、中、低
经营自有品牌		支持	支持	不支持	支持	支持	支持	暂不支持上传品牌资质
经营授权品牌	境内品牌授权层级	一级	一级	二级	三级	不限制	不限制	
	境外品牌授权层级	二级	二级	三级	四级	不限制	不限制	
	是否要求独占授权	是	是	否	否	否	否	

备注：品牌力的高是指知名品牌，中是指成长期品牌，低是指新创品牌。

抖音直播平台入驻主体的商标要求主要包括：

a. 如果该商标出现最终未注册成功、被撤销或被异议失效等情况，平台有权撤销该品牌以及相关授权的品牌资质经营权。

b. 商标若办理过变更、转让，必须提供商标局颁发的变更、转让证明或受理通知书，如果因保存不善等原因丢失导致无法上传变更、转让证件，可上传商标局官网的相关截图。

c. 能够在商标局官网上查询到商标相关信息。

d. 针对部分特定类目，企业店和个体店须提供品牌资质的类目，可参考《普通店铺品牌资质对应类目明细表》。

e. 针对部分特定品牌，企业店和个体店商家须提供相应的品牌资质后方可入驻经营，详见《品牌限售细则》。

③ 行业及商品资质：个人店/个体工商户/企业店铺等类目须提供所属行业资质、商品资质及相关要求，可参考《各类目行业资质及商品资质标准》。

（4）店铺保证金/费率标准。

① 商家入驻平台需要缴纳保证金，有关保证金的收费标准、缴纳和返还流程及其他管理规定，详见《保证金管理规则》。

② 商家入驻平台，需要缴纳信息技术服务费，有关类目的信息技术服务费收费标准、缴纳和返还流程以及其他管理规定，详见《商家技术服务费管理规范》。

（5）入驻限制。

① 平台暂不接受未取得商标注册证或商标受理通知书的品牌的入驻申请。

② 品牌限制：与平台已有品牌相似或与已有的频道、业务、类目等相同或相似名称的品牌，包含行业名称、通用名称、知名人士或地名的品牌，与知名品牌相同或近似的品牌。

③ 类目经营限制：所售商品类目未在《各类目行业资质及商品资质标准》范围内。

④ 同一品牌开店限制：同一品牌在同一级类目下只能经营一家旗舰店。

⑤ 同一主体开店限制：同一主体在平台内只能经营一家店铺。

⑥ 同一主体重新入驻平台限制：由于严重违规、资质造假等原因被平台清退的主体，则永久限制入驻。

3. 直播平台选择

如何选择一个适合自己的直播平台呢？通常做法是对直播平台的用户规模、用户画像、入驻门槛、平台调性和流量获取方式平台分佣模式等进行综合观察分析，结合直播从业者个人或直播卖货商家的自身条件和资源状况，对比分析跨类型或同类型的直播平台直播带货效应，从而选择最适合自己的直播平台。一些主要的直播平台的分佣模式如表 1-2-6 所示。

（1）用户规模。

用户规模是直播平台生存发展的基石。随着平台用户规模的发展壮大，平台高互动、高质量节目与服务能获取不断增长的流量，平台也会因提高直播内容质量与增加广告投入而获取更多的自身流量，直播从业者个人或直播卖货商家会同步获得后续发展的用户规模支持与保障。因此，在选择直播平台时，必须注意平台用户规模，以确保选择的平台能够满足其需求。

表 1-2-6　平台分佣模式

直播平台	供货平台	商家（假定佣金率 20%）	电商平台抽成	内容平台抽成	MCN 与主播抽成
淘宝	淘宝直播	80%	6.0%	0.0%	14.0%
快手（54.7%的交易需要跳转第三方）	快手→快手小店/魔筷星选	80%	5.0%	15%	
	快手→淘宝	80%	7.4%	6.3%	6.3%
	快手→拼多多/有赞	80%	2.0%	9.0%	9.0%
抖音（62.5%的交易需要跳转第三方）	抖音→抖音小店	80%	5.0%	15.0%	
	抖音→淘宝	80%	7.4%	0.0%	12.6%
	抖音→精选联盟（京东）	80%	2.0% 1.8%	1.8%	16.2%

（2）用户画像。

直播平台的差异“护栏”就是其用户画像，这个用户画像成了不同直播平台的标签，决定了平台直播内容输入输出的取舍，进而形成不同直播平台的“围观”效应。如男性通常是游戏类直播平台的主要群体，在淘宝、抖音、快手的用户分析中尽管性别平衡，但快手男性占比近六成，抖音用户相比快手是更关注时尚的年轻人。因此选择直播平台需要考虑直播平台的用户特性，用准确细致的用户画像分析来确保所选择的直播平台满足预期。

（3）入驻门槛。

直播平台类型不同，其入驻门槛要求也会各不相同。直播从业者个人或直播卖货商家各有特点，所以需要结合入驻平台的要求与自身优势定位来进行选择。

直播平台通常是通过官方账号来运营推广直播活动的。游戏类和教育类直播平台面向具备相应专业技能的个人或商家入驻，娱乐类和短视频类直播平台面向所有用户提供便利的较低的入驻门槛，电商类直播平台面向普通大众提供较高的入驻门槛。

淘宝、抖音、快手的直播入驻只需要进行实名认证即可，但要开通直播带货功能则需要满足相应条件：淘宝支持达人直接入驻，只要完成实名认证就能获得直播带货权；若以商家身份入驻，则需要符合经营类目要求且从消费者评价、是否存在虚假交易与店铺是否存在违规行为三个方面进行判断确认。抖音要求主播个人主页上公开且经过审核的视频数量不得少于 10 条，同时账号粉丝数量（不包括绑定第三方的粉丝数）不得少于 1 000 人。快手则要求对主播进行围绕其平台规则的考核，通过后方可启用直播带货功能，实现商品展示与购买功能，并能查看商品信息。

（4）平台调性。

直播平台的调性是指平台运营中所呈现的最主要、最独特的风格。平台的这种特性决定了它在内容生产上具有很强的大众传播能力。以抖音和快手为例，抖音呈现出强烈的大众娱乐属性，展现出一种“都市化”的生态特征；快手则是以“草根化”为主，呈现“平民化”特征。不同平台调性，决定了相同信息内容不同的表达方式，可能也会产生不同的效果。因此，选择直播平台时也需要充分考虑这一特性。

（二）设备、工具准备

为了熟悉直播电商平台规则，每个工作团队（小组）需要向直播电商店家（公司）的物业（品）工作人员提供借用工具清单，如表 1-2-7 所示。

表 1-2-7　熟悉直播电商平台规则任务借用工具清单

序号	名称（型号、规格）	数量	借出时间	学生签名	归还时间	学生签名	管理员签名
1							
2							
3							
4							

（三）材料准备

为了熟悉直播电商平台规则，每个工作团队（小组）需要向直播电商店家（公司）内物业（品）工作人员提供领用材料清单，如表 1-2-8 所示。

表 1-2-8　任务领用材料清单

序号	名称（型号、规格）	数量	借出时间	学生签名	归还时间	学生签名	管理员签名
1							
2							
3							
4							

（四）团队（小组）方案

按销售服务内容将学生分为若干个团队（小组），每个团队（小组）根据工作岗位工位的要求由 3 ~ 5 人组成，指定 1 人为团队（小组）长。2 人为材料管理员。材料管理员负责材料领取分发，团队（小组）长负责组织本组相关任务的计划、实施及讨论汇总，填写本团队（小组）成员工作任务实施所需文字材料的相关记录表。

二、制订工作计划

（一）拟订任务安排

1. 任务下达

2. 任务目的与描述

3. 任务完成条件

4. 任务过程（完成流程）

5. 阶段任务成果

6. 任务完成成果

（二）任务工单

任务工单如表 1-2-9 所示。

表 1-2-9　熟悉直播电商平台规则任务工单

<table>
<tr><td>任务名称</td><td colspan="3"></td><td>任务用时</td><td></td><td>直播室号（工区）</td><td></td></tr>
<tr><td>组　别</td><td></td><td>组长</td><td></td><td>指导教师</td><td></td><td>指导师傅</td><td></td></tr>
<tr><td>任务人姓名</td><td></td><td>任务年月</td><td></td><td>团队成绩</td><td></td><td>个人成绩</td><td></td></tr>
<tr><td>任务设备</td><td colspan="3"></td><td>任务场所</td><td></td><td>完成时长</td><td></td></tr>
<tr><td>任务描述</td><td colspan="7"></td></tr>
<tr><td>任务要求</td><td colspan="7"></td></tr>
<tr><td>实施记录</td><td colspan="7"></td></tr>
<tr><td>任务结论</td><td colspan="7"></td></tr>
<tr><td>任务检查</td><td></td><td>组长检查</td><td></td><td>教师检查</td><td></td><td>师傅检查</td><td></td></tr>
</table>

三、任务实施

（一）任务内容

1. 常见直播平台类型分析

（1）对比各类直播平台。
（2）简介游戏类直播平台。
（3）简介娱乐类直播平台。
（4）简介短视频类直播平台。
（5）简介电商类直播平台。
（6）简介教育类直播平台。

2. 常见直播平台入驻规则

（1）简介开通直播运营必知规则。
（2）简介淘宝直播平台入驻规则。
（3）简介快手直播平台入驻规则。
（4）简介抖音直播平台入驻规则。

3. 选择一个合适的直播平台

（1）简述用户规模。
（2）简介直播平台的用户画像。
（3）如何理解直播平台的入驻门槛？
（4）简介“淘（宝）”“快（手）”“抖（音）”平台调性。

（二）工作任务实施

1. 工作展开

（1）查找资料：登录指定网络直播平台，查询儿童服装商品在淘宝、快手、抖音平台的直播规则以及沟通技巧限制词，入驻这些直播平台的基本要求与相关资料。

（2）思考讨论：针对嘉懿家里的儿童服装商品这个类目，选择一个合适的直播平台并准备好入驻平台的相关资料。

（3）总结评价：形成任务实施结论。

2. 工作记录

（1）任务布置（3 min）。

各团队（小组）长根据任务内容分配团队成员任务。

（2）资料搜集（10 ~ 15 min）。

各团队成员独立完成信息、资料的搜集和整理。

（3）小组讨论（7 min）。

汇总各成员搜集的资料，讨论形成初步结论。

（4）总结评价（3 min）。

团队（小组）长汇总形成小组最终结论。

3. 实施注意事项

根据具体的直播计划与商品安排，直播注意事项主要包括：

（1）注意用电安全以及正确、合理使用相关设备设施。

（2）使用网络直播平台搜集儿童服装商品资料时，注意在淘宝、快手、抖音直播平台上完成，辨别不同直播平台入驻规则的差别，了解直播平台入驻认知。

（3）独立搜集，集中讨论，不得相互抄袭。

（4）准确理解任务要求，制订好工作计划，逐项填制任务工单，做好任务评价。

（5）控制任务完成进度，确保达成任务质量目标。各小组在老师规定的时间范围内完成相应任务并提交任务总结。

四、任务评价

（一）成果展示

1. 各团队（小组）派代表展示任务成果

2.其他团队（小组）提出的改进建议

（二）评估总结

1. 学生自我评估与总结

2. 团队自我评估与总结

3. 教师指导评估与总结

4. 师傅指导评估与总结

（三）团队对工作岗位“6S”处理

在团队（小组）和教师都完成工作任务总结以后，各团队（小组）必须对自己的工作岗位进行“整理、整顿、清扫、清洁、安全、素养”检查与要求；归还所借的工量具、场景道具和模拟工件。

（四）评价表

直播电商平台规则任务完成情况评价如表 1-2-10 所示。

表 1-2-10　熟悉直播电商平台规则任务完成情况评价表

<table>
<tr><td colspan="9">班级：________________
团队（小组）：________________
姓名：________________</td></tr>
<tr><td colspan="9">指导教师：______________　带岗师傅：______________
日　　期：______________　日　　期：______________</td></tr>
<tr><td rowspan="2">评价项目</td><td rowspan="2">评价标准</td><td rowspan="2">评价依据</td><td colspan="4">评价方式</td><td rowspan="2">权重</td><td rowspan="2">得分小计</td></tr>
<tr><td>学生自评(20%)</td><td>团队自评(30%)</td><td>教师导评(20%)</td><td>师傅导评(30%)</td></tr>
<tr><td>职业素养</td><td>（1）遵守规章制度、劳动纪律；
（2）按时按质完成工作任务；
（3）积极主动承担工作任务，勤学好问；
（4）保证人身安全与设备安全；
（5）工作岗位“6S”完成情况</td><td>（1）出勤；
（2）工作态度；
（3）劳动纪律；
（4）团队协作精神</td><td></td><td></td><td></td><td></td><td>0.3</td><td></td></tr>
<tr><td>专业能力</td><td>（1）熟悉直播电商平台相关知识；
（2）能描述典型直播电商平台；
（3）能熟悉直播电商平台规则</td><td>（1）操作的准确性和规范性；
（2）工作页或任务实施总结完成情况；
（3）专业技能任务完成情况</td><td></td><td></td><td></td><td></td><td>0.5</td><td></td></tr>
<tr><td>创新能力</td><td>（1）在任务完成过程中能提出有一定见解的方案；
（2）在教学或生产管理上提出建议，具有创新性</td><td>（1）方案的可行性及意义；
（2）建议的可行性</td><td></td><td></td><td></td><td></td><td>0.2</td><td></td></tr>
<tr><td colspan="8">合计</td><td></td></tr>
</table>

任务三

掌握直播电商法规

任务描述

通过完成任务一和任务二的内容，嘉懿认识到在互联网经济时代下，直播电商比传统电商具有节约消费成本、顺应消费下沉、一站式专业导购体验等优势，直播电商成为当下互联网炙手可热的新兴行业，将成为经济发展的新引擎。

随着直播电商的野蛮生长，直播电商行业也衍生出了新的问题。为了直播电商行业长远、健康发展，抑制这种“野蛮生长”趋势，国家相继出台了一系列法律法规、行业规范对直播电商行业进行规范。嘉懿深知，树立法治意识、增强法治观念是直播电商从业者应当具备的基本素养。那么如何准确理解与深刻领会直播电商相关法律法规呢？如何结合直播电商实践梳理相关法律法规呢？请加入嘉懿的任务之旅吧。

任务要求

初级直播电商工作者在从事直播电商工作前后，除了解直播电商与平台基本常识外，还有一个至关重要的素养就是养成依法执业意识，必须掌握直播电商相关法律法规基本要求。

（1）明确直播电商法规的概念，正确理解其科学含义。

（2）了解直播电商涉及的主要法律法规。

（3）了解并能熟练解读《网络直播营销管理办法（试行）》。

（4）了解直播电商涉及的相关行业规范。

（5）了解并熟悉直播活动中常见违规行为以及正确做法。

任务目标

1. 知识目标

（1）了解直播电商相关法律法规。

（2）掌握直播电商行业规范。

（3）掌握《网络直播营销管理办法（试行）》的适用主体和内容。

2. 技能目标

（1）能辨别直播电商运营过程中相关案例的权责关系。

（2）能解决直播电商涉及法律问题。

3. 素养目标

（1）树立直播电商活动的法治意识。

（2）具备依法从事直播电商工作的严谨认真的职业素养和依法合规的法治精神。

（3）逐步养成依法办事、有法必依的直播电商职业习惯。

一、任务准备

（一）相关理论知识

1. 什么是直播电商法规

直播电商法规是国家、政府为规范直播电子商务运营过程中涉及的权利和义务，以及与从事运营关系密切相关的社会关系、政府管理关系的法律规范的总称。

2. 直播电商涉及的主要法律规范

1）《中华人民共和国电子商务法》

《中华人民共和国电子商务法》是指调整平等主体之间通过电子行为设立、变更和消灭财产关系和人身关系的法律规范的总称，是政府调整企业和个人以数据电文为交易手段，通过信息网络所产生的，因交易形式所引起的各种商事交易关系，以及与这种商事交易关系密切相关的社会关系、政府管理关系的法律规范的总称。

2013 年 12 月 7 日，全国人民代表大会常务委员会正式启动了《中华人民共和国电子商务法》的立法进程。2018 年 8 月 31 日，第十三届全国人民代表大会常务委员会第五次会议表决通过《中华人民共和国电子商务法》，自 2019 年 1 月 1 日起施行。《中华人民共和国电子商务法》的出台进一步明确了电子商务经营者、平台经营者、消费者以及支付、物流等第三方机构各自的权利义务，对于个人信息保护、平台监管职责、知识产权保护等内容都有了明确规定，有利于进一步促进电子商务的健康发展。

2）《中华人民共和国网络安全法》

《中华人民共和国网络安全法》是为保障网络安全，维护网络空间主权和国家安全、社会公共利益，保护公民、法人和其他组织的合法权益，促进经济社会信息化健康发展而制定的法律。2016 年 11 月 7 日，第十二届全国人民代表大会常务委员会第二十四次会议通过《中华人民共和国网络安全法》，自 2017 年 6 月 1 日起施行。该法共七章 79 条，包括总则、网络安全支持与促进、网络运行安全、网络信息安全、监测预警与应急处置、法律责任、附则。

3）《网络信息内容生态治理规定》

《网络信息内容生态治理规定》（国家互联网信息办公室令第 5 号）由国家互联网信息办公室室务会议审议通过，并于 2019 年 12 月 15 日公布，自 2020 年 3 月 1 日起施行。该规定是我国在网络信息内容管理方面的一部重要规定，系统地回应了当前网络信息内容服务领域面临的问题，全面规定了各参与主体的权利、义务，旨在营造良好的网络生态，保障公民、法人和其他组织的合法权益，维护国家安全和公共利益。

4)《网络直播营销管理办法（试行)》

《网络直播营销管理办法（试行)》是为了加强网络直播营销管理，维护国家安全和公共利益，保护公民、法人和其他组织的合法权益，促进网络直播营销健康有序发展，根据《中华人民共和国网络安全法》《中华人民共和国电子商务法》《中华人民共和国广告法》《中华人民共和国反不正当竞争法》《网络信息内容生态治理规定》等法律、行政法规和国家有关规定，由国家互联网信息办公室会同有关部门于 2021 年 4 月 23 日联合发布了该试行办法，自 2021 年 5 月 25 日起施行。

3.《网络直播营销管理办法（试行)》解读

直播电商通过商家及主播团队以极具动态特点的个性化全方位展示商品和服务，积极调动顾客的消费热情，由此也衍生出部分直播带货存在刷单炒作、商品质量不合格、维权途径不流畅、传递信息不健康等违背社会主义核心价值观、影响青少年心理健康成长的现象，国家互联网信息办公室会同有关部门出台了《网络直播营销管理办法（试行)》(下称《办法》)，更为详尽明确地规范直播行业，为直播行业健康有序地发展保驾护航。

1）直播营销基本要求

《办法》明确了直播营销主体和直播营销监管主体的基本要求。

（1）直播营销主体从事网络直播营销活动，应当遵守法律法规，遵循公序良俗，遵守商业道德，坚持正确导向，弘扬社会主义核心价值观，营造良好网络生态。

（2）直播营销监管主体即国家网信部门和国务院公安、商务、文化和旅游、税务、市场监督管理、广播电视等有关主管部门建立健全线索移交、信息共享、会商研判、教育培训等工作机制，依据各自职责做好网络直播营销相关监督管理工作。县级以上地方人民政府有关主管部门依据各自职责做好本行政区域内网络直播营销相关监督管理工作。

2）适用范围与直播营销主体

关于直播营销适用范围和直播营销主体，《网络直播营销管理办法（试行)》第二条规定：

在中华人民共和国境内，通过互联网站、应用程序、小程序等，以视频直播、音频直播、图文直播或多种直播相结合等形式开展营销的商业活动适用本办法。

本办法所称直播营销平台，是指在网络直播营销中提供直播服务的各类平台，包括互联网直播服务平台、互联网音视频服务平台、电子商务平台等。

本办法所称直播间运营者，是指在直播营销平台上注册账号或者通过自建网站等其他网络服务，开设直播间从事网络直播营销活动的个人、法人和其他组织。

本办法所称直播营销人员，是指在网络直播营销中直接向社会公众开展营销的个人。

本办法所称直播营销人员服务机构，是指为直播营销人员从事网络直播营销活动提供策划、运营、经纪、培训等的专门机构。

从事网络直播营销活动，属于《中华人民共和国电子商务法》规定的“电子商务平台经营者”或“平台内经营者”定义的市场主体，应当依法履行相应的责任和义务。

3）直播营销平台规范

（1）备案及行政许可制度。

《办法》第五条规定：直播营销平台应当依法依规履行备案手续，并按照有关规定开展安全评估。从事网络直播营销活动，依法需要取得相关行政许可的，应当依法取得行政许可。

（2）平台审核管理制度。

《办法》第六条规定：直播营销平台应当建立健全账号及直播营销功能注册注销、信息安全管理、营销行为规范、未成年人保护、消费者权益保护、个人信息保护、网络和数据安全管理等机制、措施。直播营销平台应当配备与服务规模相适应的直播内容管理专业人员，具备维护互联网直播内容安全的技术能力，技术方案应符合国家相关标准。

《办法》第七条规定：直播营销平台应当依据相关法律法规和国家有关规定，制定并公开网络直播营销管理规则、平台公约。直播营销平台应当与直播营销人员服务机构、直播间运营者签订协议，要求其规范直播营销人员招募、培训、管理流程，履行对直播营销内容、商品和服务的真实性、合法性审核义务。

《办法》还从信息内容安全（第九条）、安全风险识别（第十条）、提供真实付费导流（第十一条）、新技术新应用新功能上线和使用管理（第十三条）、直播间账号分级管理制度（第十四条）等方面对直播营销平台审核作出详细规定，对涉嫌违法违规的高风险营销行为采取措施，对违反法律法规和服务协议的直播间运营者账号，视情况采取警示提醒、限制功能、暂停发布、注销账号、禁止重新注册、列入黑名单等处置措施。

（3）信息保密及核验制度。

《办法》第八条规定：直播营销平台应当对直播间运营者、直播营销人员进行基于身份证件信息、统一社会信用代码等真实身份信息认证，并依法依规向税务机关报送身份信息和其他涉税信息。直播营销平台应当采取必要措施保障处理的个人信息安全。直播营销平台应当建立直播营销人员真实身份动态核验机制，在直播前核验所有直播营销人员身份信息，对与真实身份信息不符或按照国家有关规定不得从事网络直播发布的，不得为其提供直播发布服务。

（4）履行《广告法》涉及义务和责任。

《办法》第十一条规定：直播营销平台提供付费导流等服务，对网络直播营销进行宣传、推广，构成商业广告的，应当履行广告发布者或者广告经营者的责任和义务。直播营销平台不得为直播间运营者、直播营销人员虚假或者引人误解的商业宣传提供帮助、便利条件。

（5）建立未成年人保护机制。

《办法》第十二条规定：直播营销平台应当建立健全未成年人保护机制，注重保护未成年人身心健康。网络直播营销中包含可能影响未成年人身心健康内容的，直播营销平台应当在信息展示前以显著方式作出提示。

（6）建立健全投诉、举报和消费者保护机制。

《办法》第十五条规定：直播营销平台应当建立健全投诉、举报机制，明确处理流程和反馈期限，及时处理公众对于违法违规信息内容、营销行为投诉举报。消费者通过直播间内链接、二维码等方式跳转到平台购买商品或者接受服务，发生争议时，相关直播营销平台应当积极协助消费者维护合法权益，提供必要的证据等支持。

（7）税务代扣代缴机制。

《办法》第十六条规定：直播营销平台应当提示直播间运营者依法办理市场主体登记或税务登记，如实申报收入，依法履行纳税义务，并依法享受税收优惠。直播营销平台及直播营销人员服务机构应当依法履行代扣代缴义务。

4）直播间运营和直播营销人员规范

（1）明确年龄规范。

《办法》第十七条规定：直播营销人员或者直播间运营者为自然人的，应当年满十六周岁；十六周岁以上未成年人申请成为直播营销人员或者直播间运营者的，应当经监护人同意。

（2）明确行为规范。

《办法》对直播间运营者、直播营销人员直播营销行为的“八条红线”行为（第十八条）、涉及广告行为的相关义务和责任（第十九条）、直播间的五个重点环节管理（第二十条）、互动内容的实时管理（第二十一条）、商品和服务供应商信息核验备查（第二十二条）、消费者权益保护（第二十三条）、商业合作（第二十四条）、虚拟形象使用（第二十五条）等进行明确规范。《办法》中明确要求直播间运营者、直播营销人员在直播营销行为中应当遵守法律法规和国家有关规定，遵循社会公序良俗，真实、准确、全面地发布商品或服务信息。

《办法》第十八条规定了“八条红线”：直播间运营者、直播营销人员从事网络直播营销活动，应当遵守法律法规和国家有关规定，遵循社会公序良俗，真实、准确、全面地发布商品或服务信息，不得有下列行为：一是违反《网络信息内容生态治理规定》第六条、第七条规定的；二是发布虚假或者引人误解的信息，欺骗、误导用户；三是营销假冒伪劣、侵犯知识产权或不符合保障人身、财产安全要求的商品；四是虚构或者篡改交易、关注度、浏览量、点赞量等数据流量造假；五是知道或应当知道他人存在违法违规或高风险行为，仍为其推广、引流；六是骚扰、诋毁、谩骂及恐吓他人，侵害他人合法权益；七是传销、诈骗、赌博、贩卖违禁品及管制物品等；八是其他违反国家法律法规和有关规定的行为。

《办法》第二十条规定了“五个重点环节管理”：直播营销人员不得在涉及国家安全、

公共安全、影响他人及社会正常生产生活秩序的场所从事网络直播营销活动。直播间运营者、直播营销人员应当加强直播间管理，在下列重点环节的设置应当符合法律法规和国家有关规定，不得含有违法和不良信息，不得以暗示等方式误导用户：一是直播间运营者账号名称、头像、简介；二是直播间标题、封面；三是直播间布景、道具、商品展示；四是直播营销人员着装、形象；五是其他易引起用户关注的重点环节。

5）监督管理规范

（1）监管主体和平台义务。

《办法》对直播营销监管主体的日常监督检查（第二十六条）、对行业协会商会的指导（第二十七条）、依法开展联合惩戒（第二十九条）等直播营销相关监督管理工作做了明确规定。同时提出，直播营销平台对监督检查工作，有义务提供相关的技术支持和协助。

（2）法律责任。

《办法》第二十八条规定：违反本办法，给他人造成损害的，依法承担民事责任；构成犯罪的，依法追究刑事责任；尚不构成犯罪的，由网信等有关主管部门依据各自职责依照有关法律法规予以处理。

4. 直播电商涉及的相关行业规范

1）《关于加强网络直播营销活动监管的指导意见》

2020 年 11 月 5 日，国家市场监督管理总局印发《关于加强网络直播营销活动监管的指导意见》（国市监广〔2020〕175 号），主要从压实有关主体法律法规责任、严格规范网络直播营销行为、依法查处网络直播营销违法行为三个方面进行指导。

（1）压实有关主体法律责任。

“主体”主要包括直播电商营销活动中的三大主体，即网络平台、商品经营者、网络直播者，对三大主体的责任进行了具体的界定和规范。

① 压实网络平台法律责任。网络平台必须按照《中华人民共和国电子商务法》《中华人民共和国广告法》及其他相关法律法规履行其责任和义务；

② 压实商品经营者法律责任。商品经营者通过网络直播销售商品或提供服务的，应按照《中华人民共和国电子商务法》《中华人民共和国消费者权益保护法》《中华人民共和国反不正当竞争法》《中华人民共和国商品质量法》《中华人民共和国食品安全法》《中华人民共和国广告法》《中华人民共和国价格法》《中华人民共和国商标法》《中华人民共和国专利法》等相关法律规定履行相应的责任和义务；

③ 压实网络直播者法律责任。网络直播者对商品或服务进行宣传应当真实、合法，符合《中华人民共和国反不正当竞争法》有关规定。直播内容构成商业广告的，应按照《中华人民共和国广告法》规定履行其责任和义务。

（2）严格规范网络直播营销行为。

主要对网络直播的相关行为进行了规范，从商品或服务营销范围、广告审查发布、保障消费者知情权和选择权三个环节提出明确要求。

（3）依法查处网络直播营销违法行为。

主要明确了网络直播营销活动中可能存在的电商违法行为、不正当竞争违法行为、商品质量违法行为、食品安全违法行为、广告违法行为、价格违法行为、侵犯消费者合法权益行为、侵犯知识产权行为等违法行为，一旦涉及相关违法行为，将严格按照相关法律法规予以查处。

2）《直播电子商务平台管理与服务规范》（SB/T 11240—2023）

2023 年 10 月 21 日，商务部发布《直播电子商务平台管理与服务规范》（SB/T 11240—2023），正式实施日期为 2024 年 6 月 1 日。意见规定了直播营销平台应该具备的资质、经营条件及合规性基本要求；规定了其应对商家和直播主体入驻及退出、商品和服务信息审核、直播营销管理和服务、用户以及直播主体账号的管理和服务要求；规定了其应对消费者隐私保护、交易及售后服务等消费者权益保护的要求；明确了信息安全管理要求。

3）《网络直播和短视频营销平台自律公约》

为进一步规范平台、主播、MCN 机构以及其他直播带货参与主体经营行为，提振消费信心，激发消费活力，保护消费者合法权益，促进业态健康持续发展，在北京市市场监管局、上海市市场监管局、四川省市场监管局及属地区（市）局共同指导下，京东、百度、抖音电商、快手、小红书 5 家企业于 2023-05-26 联合签署《网络直播和短视频营销平台自律公约》。

《自律公约》在现行法律法规基础上，对直播和短视频营销中各方主体的行为提出了更高要求，体现了有关平台企业主动落实主体责任，自觉接受政府监管、社会监督的积极态度。

《自律公约》的签署，是“全国网络市场监管与服务示范区”开展区域联动、强化平台合规治理、提升企业自治水平的有益探索，是头部平台树立公平竞争意识、共同建立约束机制的积极尝试。未来，随着《自律公约》实施，直播带货行业将在逐步规范中迎来新的发展，在增加就业、促进经济，扩大内需、刺激循环中发挥更大作用。

5. 直播电商常见违规行为与正确做法

1）诱骗秒杀

（1）释义：直播中以惊爆福利信息诱骗消费者参与“秒杀”互动，但是经常出现秒杀信息发布不规范、秒杀内容未兑现或无法兑现的现象。诱骗秒杀常用方式包括但不限于口播、贴纸、弹幕等。

（2）违规示例：宣传在直播间可低价购买实体店标价 XXX 元的火锅套餐，实际并未上架相关商品；宣传新进直播间用户点赞、关注、亮灯牌后可获一份免费赠品，实际并未兑现；宣传在直播间购买其推广的甲商品可以赠送高价值的乙商品，但赠品信息在甲商品详情页未展示说明；未按规范要求发布秒杀信息或发布的秒杀信息不完整、被遮挡的推广行为。

（3）正确做法：与直播间观众互动时，应坚持合理、客观的态度，不得以获取虚假优惠进行利益诱导性质的互动。

2）虚假宠粉

（1）释义：直播中为牟取自身利益，通过提升直播间热度向粉丝做出虚假承诺的行为。

（2）违规示例：向粉丝承诺，在评论区评论即可秒杀商品；向粉丝承诺，只要在直播间观看一段时间即可获赠大牌香水、运动手表等。

（3）正确做法：直播中不得以宣传宠粉的形式进行虚假送礼等利益承诺，或通过涨粉、抽奖等方式吸引粉丝。

3）引导私下交易多渠道导流

（1）释义：将消费者引导至其他渠道进行私下交易。

（2）违规示例：向消费者承诺，只要扫码进群，群内到货后第一时间开展限时秒杀；向消费者承诺，只要加主播联系方式即可获取更多优惠。

（3）正确做法：直播中禁止发布含有明确引导用户进行私下交易意图的内容。

4）医疗描述

（1）释义：刻意夸大医疗保健功效。

（2）违规示例：向消费者承诺，此商品具有很好的医疗效果；向消费者承诺，此商品有助于儿童的身心健康。

（3）正确做法：直播的普通食品不得涉及含有调节人体机能、治病等夸大不实的宣传内容。

5）挂机直播、录播

（1）释义：指直播中拍摄单一画面且主播全程无交流无互动，或在直播间内播放其他录制好的视频内容。

（2）违规事例：直播中主播长时间未出现在直播镜头；直播中主播画面，与观众全程无交流互动；直播中全程播放无版权剪辑视频；直播中播放电影或综艺等。

（3）正确做法：直播中，尽量有真人出现在直播镜头中，同时要与直播间观众进行互动，详细介绍商品、耐心回答问题，积极传递正能量。

6）衣着暴露

（1）释义：指直播中穿衣不当（着低领或过度暴露的衣服）。

（2）违规示例：衣服领口过低、下装过短等。

（3）正确做法：直播中，穿着大方得体，避免过于暴露。

7）语言过激

（1）释义：指在直播中侮辱、谩骂或用低俗语言攻击他人。

（2）违规示例：指责直播间的粉丝不给主播刷礼物；指责直播间粉丝不购买商品。

（3）正确做法：在直播中应使用文明用语，避免用过激语言博取关注、对直播间观众发起挑衅、传递负面信息造成不良影响。

8）言语低俗

（1）释义：指在直播中使用低俗类如“擦边球”等词语。

（2）违规示例：在直播中谈论低俗话题；在直播中将正常典故改编成低俗语言；在直播中进行低俗暗示；在直播中模拟低俗声音。

（3）正确做法：在直播中传递健康、积极的信息，以良好的口碑带货。

9）吸烟、饮酒

（1）释义：指在直播中出现吸烟、饮酒等相关行为。

（2）违规示例：在直播中直接吸烟、饮酒；在直播中未出现吸烟画面，但呈现烟雾或有打火机、吸烟的声音；在直播中未出现饮酒画面，但直播画面中拍摄到酒瓶等。

（3）正确做法：直播中禁止吸烟、饮酒等行为，保持直播间干净、整洁。

10）封建迷信

（1）释义：指在直播中传播无事实依据的民间迷信说法。

（2）违规示例：在直播中谈论封建迷信；在宣传商品时使用封建迷信语言。

（3）正确做法：在直播中切勿宣传封建迷信。

11）谋取利益

（1）释义：指在直播中通过自称导师/专家卖课教学的形式牟利。

（2）违规示例：在直播间谈论股票市场赚钱；以拥有幕后消息的方式诱惑消费者参与活动。

（3）正确做法：在直播中切勿自称导师/专家卖课教学的名义牟利。

12）未成年人单独直播/带货

（1）释义：指直播中未成年人单独出现在直播间内进行直播以及带货行为。

（2）违规示例：在直播间内只有未成年人单独进行直播；在直播间内未成年人讲解商品。

（3）正确做法：直播中不可以单独出现未成年人进行直播，但在成年人直播中出现未成年人是允许的，但不可讲解、推广商品或存在不满十周岁未成年人构成广告代言人情形，并且需要征得其父母或者其他监护人同意。

13）低俗恶趣味宣传商品

（1）释义：指在直播中穿着过度暴露或做出低俗动作来博眼球达到售卖商品的目的。

（2）违规示例：在直播中穿着不适宜的衣服或做出低俗引诱动作来售卖商品。

（3）正确做法：直播中务必穿着适宜的衣服售卖商品，切勿为了博眼球做出低俗不雅动作。

14）视频无相关性

（1）释义：指在直播中呈现的商品视频与购物车展示信息不具备关联性。

（2）违规示例：直播中推广的商品视频为运动鞋，购物车商品的是水杯；直播中推广的商品视频为果园实况，购物车商品的是果汁饮料实物商品。

（3）正确做法：直播中播放视频，应该将自己想要分享的商品呈现在视频内容中，充分展示商品本身，尽量进行原创拍摄并提升视频创作质量。

15）使用平台禁用词

（1）释义：在直播中使用了广告相关的“禁用词”。

（2）违规示例：直播中滥用极限用语和夸大对比。

（3）正确做法：直播中实事求是，切勿使用广告“禁用词”。

（二）设备、工具准备

为了完成掌握直播电商法规工作任务，每个工作团队（小组）需要向直播电商店家（公司）内物业（品）工作人员提供借用工具清单，如表 1-3-1 所示。

表 1-3-1　任务借用工具清单

序号	名称（型号、规格）	数量	借出时间	学生签名	归还时间	学生签名	管理员签名
1							
2							
3							
4							

（三）材料准备

为了完成掌握直播电商法规工作任务，每个工作团队（小组）需要向直播电商店家（公司）内物业（品）工作人员提供领用材料清单，如表 1-3-2 所示。

表 1-3-2　任务领用材料清单

序号	名称（型号、规格）	数量	借出时间	学生签名	归还时间	学生签名	管理员签名
1							
2							
3							
4							

（四）团队（小组）方案

按销售服务内容将学生分为若干个团队（小组），每个团队（小组）根据工作岗位工位的要求由 3-5 人组成，指定 1 人为团队（小组）长、2 人为材料管理员。材料管理员负责材料领取分发，团队（小组）长负责组织本组相关任务的计划、实施及讨论汇总，填写本团队（小组）成员工作任务实施所需文字材料的相关记录表。

二、制订工作计划

（一）拟订任务安排

1. 任务下达

2. 任务目的与描述

3. 任务完成条件

4. 任务过程（完成流程）

5. 阶段任务成果

6. 任务完成成果

（二）任务工单

任务工单如表 1-3-3 所示。

表 1-3-3　掌握直播电商法规任务工单

<table>
<tr><td>任务名称</td><td colspan="3"></td><td>任务用时</td><td></td><td>直播室号（工区）</td><td></td></tr>
<tr><td>组　别</td><td></td><td>组长</td><td></td><td>指导教师</td><td></td><td>指导师傅</td><td></td></tr>
<tr><td>任务人姓名</td><td></td><td>任务年月</td><td></td><td>团队成绩</td><td></td><td>个人成绩</td><td></td></tr>
<tr><td>任务设备</td><td colspan="3"></td><td>任务场所</td><td></td><td>完成时长</td><td></td></tr>
<tr><td>任务描述</td><td colspan="7"></td></tr>
<tr><td>任务要求</td><td colspan="7"></td></tr>
<tr><td>实施记录</td><td colspan="7"></td></tr>
<tr><td>任务结论</td><td colspan="7"></td></tr>
<tr><td>任务检查</td><td></td><td>组长检查</td><td></td><td>教师检查</td><td></td><td>师傅检查</td><td></td></tr>
</table>

三、任务实施

（一）任务内容

1. 什么是直播电商法律规范？

2. 有哪些涉及直播电商主要法律规范？

3.《网络直播营销管理办法（试行）》解读

（1）简介《办法》产生背景。
（2）简介直播营销基本要求。
（3）简介《办法》的适用范围。
（4）解释直播营销平台、直播间运营者、直播营销人员、直播营销人员服务机构。
（5）简介直播营销平台规范。
（6）简介直播间运营和直播营销人员规范。
（7）简介监督管理规范。

4. 直播电商涉及的相关行业规范

（1）简介《关于加强网络直播营销活动监管的指导意见》。
（2）简介《直播电子商务平台管理与服务规范》行业标准（征求意见稿）。
（3）简介《网络直播和短视频营销平台自律公约》。

5. 简介直播电商中常见违规与正确做法。

（二）工作任务实施

1. 工作展开

（1）查找资料：搜集涉及直播电商相关法律规范（可参考教材提及的法律规范和目前最新版法律法规）。从直播电商平台资质及运营维护规范、直播电商运营者和营销人员准入资质及从业规范等方面入手，列举相关法律规范修订的具体内容。

（2）思考讨论：在新的时代背景下为什么要修订规范准则？借助时政案例、结合日常观看直播实况，总结目前直播中存在的违规行为。

（3）总结评价：形成任务实施结论。

2. 工作记录

（1）任务布置（3 min）。
各团队（小组）长根据任务内容分配团队成员任务。
（2）资料搜集（10 ~ 15 min）。
各团队成员独立完成信息、资料的搜集和整理。
（3）小组讨论（7 min）。
汇总各成员搜集的资料，讨论形成初步结论。

（4）总结评价（3 min）。

团队（小组）长汇总形成小组最终结论。

3. 实施注意事项

根据直播具体计划与商品安排，直播注意事项主要包括：

（1）注意用电安全以及正确、合理使用相关设施设备。

（2）使用网络搜集直播电商相关法律法规资料时，注意在发布相关法律法规的国家政府官网上完成，并且注意搜集的法律法规是否为最新版本。树立正确的直播法律法规价值意识。

（3）独立搜集，集中讨论，不得相互抄袭。

（4）准确理解任务要求，制订好工作计划，逐项填制任务工单，做好任务评价。

（5）控制任务完成进度，确保达成任务质量目标，各小组在老师规定的时间范围内完成相应任务并提交任务总结。

四、任务评价

（一）成果展示

1. 各团队（小组）派代表展示任务成果

2. 其他团队（小组）提出的改进建议

（二）评估总结

1. 学生自我评估与总结

2. 团队自我评估与总结

3. 教师指导评估与总结

4. 师傅指导评估与总结

（三）团队对工作岗位“6S”处理

在团队（小组）和教师都完成工作任务总结以后，各团队（小组）必须对自己的工作岗位进行“整理、整顿、清扫、清洁、安全、素养”检查与要求；归还所借的工量具、场景道具和模拟工件。

（四）评价表

直播电商法规任务完成情况评价如表 1-3-4 所示。

表 1-3-4　掌握直播电商法规任务完成情况评价表

班级：________________

团队（小组）：________________

姓名：________________

指导教师：________________　带岗师傅：________________

日　　期：________________　日　　期：________________

评价项目	评价标准	评价依据	评价方式				权重	得分小计
			学生自评(20%)	团队自评(30%)	教师导评(20%)	师傅导评(30%)		
职业素养	（1）遵守规章制度、劳动纪律； （2）按时按质完成工作任务； （3）积极主动承担工作任务，勤学好问； （4）保证人身安全与设备安全； （5）工作岗位“6S”完成情况	（1）出勤； （2）工作态度； （3）劳动纪律； （4）团队协作精神					0.3	
专业能力	（1）熟悉直播电商法律法规知识； （2）能正确理解直播电商法律法规概念； （3）能正确理解应用直播电商法律法规基本内容	（1）操作的准确性和规范性； （2）工作页或任务实施总结完成情况； （3）专业技能任务完成情况					0.5	
创新能力	（1）在任务完成过程中能提出有一定见解的方案； （2）在教学或生产管理上提出建议，具有创新性	（1）方案的可行性及意义； （2）建议的可行性					0.2	
合计								

任务四

组建直播电商团队

任务描述

通过不断地学习，她对直播电商的了解越来越深入，她熟悉了平台规则，掌握了行业规范和法律法规，意识到直播电商的准入门槛越来越高，这样不仅能够淘汰劣质商家，同时对诚信经营的商户来说是一个难得的机会。

因此，继续为开通直播做准备，她发现随着直播电商行业的不断发展，直播带货越来越火爆，直播已经从初期的“个人战”转变为“团队战”，并且延伸出许多垂直和细分的岗位，因此，组建一支高效的直播电商团队尤为重要。直播看似简单，除了出镜的主播之外，实际上需要多人配合才能完成。于是又产生新的问题：组建直播团队需要几个人来完成呢？应该怎么分工呢？各自的职责又是什么呢？带着这些疑问与思考，嘉懿又开始了新的探索。

任务要求

初级直播电商工作者在从事直播电商工作中，个人的作用重要。但要一个善于合作的团队是不可或缺的。因此，组建直播电商团队是直播电商工作基础。

（1）掌握直播电商团队的组织架构。

（2）掌握直播电商团队各个岗位的职责和能力要求。

任务目标

1. 知识目标

（1）了解直播电商团队的构成和职责分工。

（2）掌握直播电商团队的岗位能力要求。

2. 技能目标

（1）能够根据实际情况搭建直播电商团队。

（2）能够运作不同规模的直播电商团队。

3. 素养目标

（1）养成合理安排工作任务、促进团队协作的良好习惯。

（2）培养精细化运营的思维，养成统筹思考、全局管理的习惯。

（3）激发对建设直播电商团队进一步探索和创新的追求。

一、任务准备

（一）相关理论知识

搭建一个直播电商团队，首先要清楚地知道直播电商团队的构成和组织架构；其次是明晰直播电商团队成员各自的岗位职责，分工协作、紧密配合；最后根据自身实际情况搭建直播电商团队，团队的规模应根据实际需求确定，同时也受到店铺体量、运营成本、营销规划等的影响，在实际的运营过程中，会出现一人身兼数职的情况。

1. 直播电商团队构成

1）直播团队的含义

直播团队是指在直播活动的组织中，为实现直播目标，由不同分工的两个及以上的直播人员相互协作构成的正式直播任务共同体。这个直播任务共同体能有效集合每个成员的思想认知、思维观念、知识经验、技能特长等多种因素，共同承担直播任务，协同开展直播工作，达成直播最终目标。

直播团队要实现直播的目标，需要综合考虑直播的定位、计划、权限与人员等因素。直播目标是团队的行动方向与存在价值，直播定位是团队的构成角色与优化层次，直播计划则是团队的集成控制与目标渐进，直播权限是团队的范围界定与权力彰显，直播人员是团队的基础力量与价值作用。

2）直播团队类型

在直播电商活动中，呈现出技术要求更加专业与直播形式与内容更加规范的趋势，所以对直播团队的完整度有更高的要求。目前，直播团队类型主要包括：

（1）达人直播团队。

达人是指在网络中的某一领域非常专业和出类拔萃的人物，也可指上线时间长或内容更新频率高的网民，如淘宝达人。淘宝达人直播是淘宝官方推出的一种特殊直播形式，淘宝达人是指在淘宝平台上拥有较高人气和影响力的达人或网红，他们通常在特定时间段进行直播，展示自己的生活、搭配、美妆等内容，吸引粉丝观看，并在直播中推荐和展示淘宝链接商品。达人直播具有较大的粉丝基础和高曝光度，因此能够快速提升商品销量和品牌知名度。

如何进行达人直播呢？淘宝直播平台对达人直播的要求如表 1-4-1 所示。

淘宝达人直播团队一般规模可由 2-5 人组成，根据团队成员能力与专长可担当主播、项目经理、摄影师、剪辑师、内容策划师、销售经理等。

个人如何才能成为达人，开设淘宝达人直播呢？

个人直播主要是淘宝“达人”的直播，个人可以通过支付宝实名认证，注册成为淘宝“达人”。淘宝“达人”账号等级达到 L2 级别且完成身份核实以后，淘宝“达人”还要通过直播平台的内容考核。因此，淘宝“达人”要上传一段自我介绍或其他相关内容的视频，以展现其控场能力、表达能力和现场表现能力。在上传完成之后，淘宝

"达人"就可以在后台申请开通直播权限，等待官方审核，7 个工作日后如果审核通过，即可开始直播。

表 1-4-1　达人直播要求

类别	具体要求
达人认证	成为淘宝达人是进行达人直播的前提。在淘宝达人直播页面提交申请，等待淘宝官方审核，通过后即可成为达人
直播预告	成为达人后，需要提前设定直播时间，并在淘宝达人直播页面发布直播预告，告知粉丝即将进行直播的时间和主题
直播内容策划	在进行直播前，达人需要精心策划直播内容，确保内容吸引人、有趣和实用，同时与推荐的商品相关
货源准备	确保直播中推荐的商品有足够的货源，避免因为商品售罄而导致观众流失。
直播营销	在直播前和直播过程中，达人可以通过淘宝内部推广、社交平台宣传等方式，吸引更多粉丝观看直播

从带货定位与价值角度可把达人区分为明星/头部达人、垂类达人、腰尾部达人。

明星/头部达人：拥有较高的知名度和影响力，可以为品牌提供证言和背书，快速建立品牌信任，并且带动粉丝购买。

垂类达人：中腰部垂类达人，往往在某些领域（例如美妆、科技等）具有专业背景，更容易将品牌信息转化为消费者语言，通过口碑+带货进行圈层深度导购，刺激粉丝的购买欲并提升转化。

腰尾部达人：这类达人数量众多且更加原生化，可以模仿素人或者关键消费者的使用体验，在强化利益点激发购买欲，营造全民推荐氛围并带动高效转化上，具有更明显的优势。

淘宝直播平台的达人直播特性如表 1-4-2 所示。

表 1-4-2　淘宝直播平台的达人直播特性

达人直播特性	说明
直播特性	人格化
用户购买商品驱动力	用户购买商品是因为对商品有需求，也可能是因为受到情感驱动
商品更新速度	商品更新较快
直播商品展示	直播内容紧凑，内容表现形式多样化，商品转化率较高
主播直播心态	创业心态
直播时长	主播单人直播，直播时间有限
流量支持	主播需要从零积累粉丝
电商运营能力	很多主播缺乏电商运营经验

（2）商家自播团队。

商家自播是商家使用自己的品牌或店铺账号、在自己的直播间进行的持续直播带货行为。这种自播可由商家自己培养（或服务商孵化）的主播进行，也可由垂类达人在商家的直播间配合进行，甚至可由品牌的管理层参与出镜。

商家自播具有自己的特性，如表 1-4-3 所示。商家自播与达人直播比较，两者的差别主要包括：

① 达人直播主要是靠达人的知名度、人气、魅力吸引粉丝，大部分进入直播间的观众主要是被主播吸引的。商家自播主要靠品牌效应、广告宣传、优惠活动等吸引人气。

② 达人带货主要是靠达人的销售、带货能力来实现的，粉丝们在直播过程中更多地是抱着休闲、娱乐的心态。进入商家直播间的大多数是有购物需求的顾客，只要商品合适，转化率可能会更高一些。

③ 达人直播灵活性强，可以选择与多个商家合作，添加多类别商品，品种丰富，更新速度快。商家自播的货品比较单一，受品牌制约性强。

表 1-4-3　商家自播的特性

商家自播特性	说　明
直播特性	品牌化
用户购买商品驱动力	用户购买商品多是因为对商品有需求
商品更新速度	商品更新较慢
直播商品展示	流水账式地展示商品，商品转化率一般
主播直播心态	工作心态
直播时长	可多人 24 小时在线直播
流量支持	可借助自身私域流量的支持
电商运营能力	具有较强的电商运营能力

《2021 年抖音电商商家自播白皮书》详解了良品铺子、波司登、丛卉绿植、华为商城、大希地等不同行业品牌在不同发展阶段的电商自播案例，并指出服饰鞋包、美妆商家、珠宝文玩、智能家居、母婴图书、食品饮料、3C 数码家电是抖音电商商家自播增速最快的七个行业，销售额同比增长 7 倍。中间商家非常重视直播团队建设，从主播、运营、拍摄剪辑到售后服务，重要岗位均有相应的负责人。常见的直播团队组织架构如图 1-4-1 所示。

根据商家商品特性及发展战略，商家自播团队规模人数众多，甚至可能达到 100 人之多，分工明确，职责清晰。

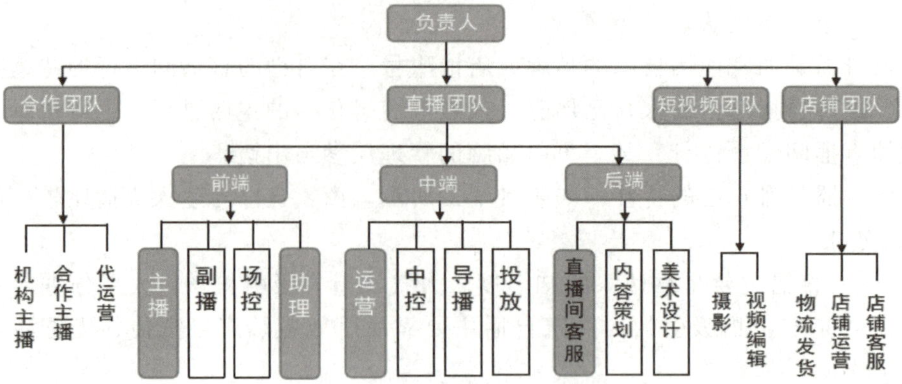

图 1-4-1　直播团队的组织架构

根据淘宝直播平台要求，商家开通企业店铺的直播需同时满足以下条件和要求：

① 淘宝店铺等级在一钻或一钻以上。

② 主营类目在线商品数不少于 5 类，最近 30 天店铺销售商品件数不少于 3 件，近 90 天店铺成交金额不少于 1 000 元。

③ 商家须符合《淘宝网营销活动规则》。

④ 本自然年度内不存在出售假冒商品的违规行为。

⑤ 本自然年度内未出现因发布违禁信息或假冒材质成分的严重违规行为扣分 6 分及以上。

⑥ 商家具有一定的客户运营能力。

（3）MCN 机构直播团队。

MCN 机构俗称“网红”经纪公司，通过签约、孵化、包装、培养达人，使其成为具备一定流量和影响力的“网红达人”，再进行商业变现。MCN 机构的本质是经纪中介公司，是传播生态新变化带来的新事物，也是互联网专业化分工的必然结果。

MCN 机构直播团队业务领域较宽，包括代播与直播代运营的直播商家业务、直播节目互动娱乐与精彩视频的淘 Live&PGC 业务，以及从直播经纪人招募、直播、招商、供应链到运营在内的直播业务。在直播业务中的每一个任务都较具体，有明确的直播岗位。

在直播电商产业链中，MCN 机构兼具主播经纪、内容生产、活动运营、供应链支持等多重角色。MCN 机构运作流程如图 1-4-2 所示。

3）直播团队的组建

直播团队组织架构为团队搭建指明方向。在商业活动中，一个直播电商团队往往服务于一个项目（如 XX 官方旗舰店直播项目/团队），其组织架构为项目负责人——直播团队——店铺团队——视频团队。直播电商团队的搭建是一个逐步完善的过程，从初始团队到发展中团队再到成熟团队。无论是个人还是商家，要想真正做好直播带货，组建直播团队是非常必要的。根据直播工作岗位设置、工作内容、工作流程等要素，个人或商家可以组建不同层级的直播运营团队。

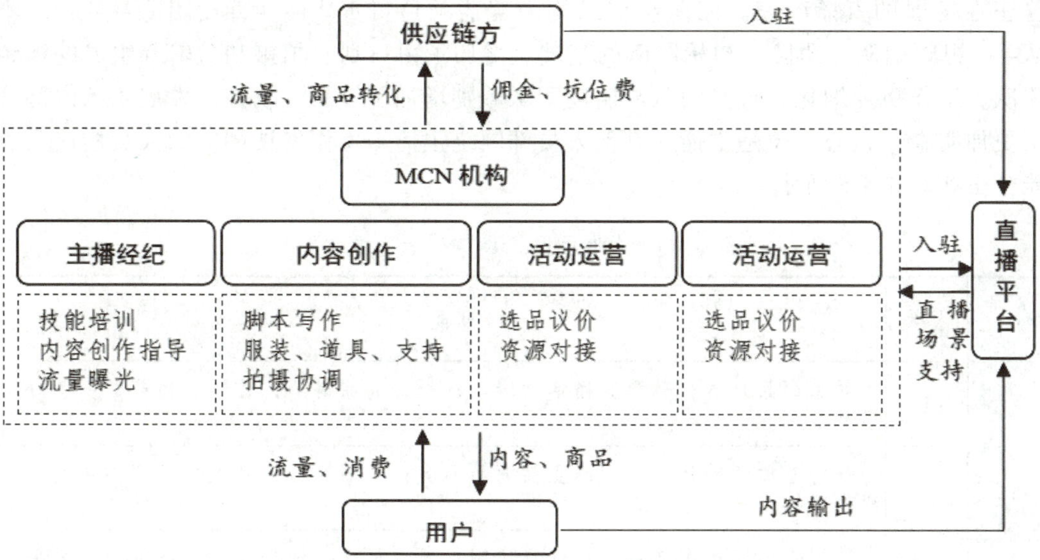

图 1-4-2 MCN 机构运用流程

（1）初始团队。

初始团队是指入驻直播电商平台在 3 个月内的具有基础直播能力的团队。团队成员为初入直播岗位的新手，组织结构与职能划分简单，一人担当多个职位。在团队结构上，直播项目负责人牵头，管理由主播或副播、运营等构成的直播团队以及由美工、客服与仓储等构成的店铺团队。需要至少设置 1 名主播和 1 名运营，其人员构成及职能分工如表 1-4-4 所示。

表 1-4-4 初始直播团队人员构成及职能分工

人员构成	人数	职能分工
主播	1	熟悉商品脚本；熟悉直播活动脚本；做好商品讲解；控制直播节奏；做好直播复盘
运营	1	分解直播营销任务；规划直播商品品类；规划直播商品上架顺序；规划直播商品陈列方式；分析直播间数据
		策划直播间优惠活动；设计直播间粉丝分层规则和粉丝福利；策划直播平台排位赛直播活动；策划直播间引流方案
		撰写直播活动规划脚本；设计直播沟通技巧；搭建并设计直播间场景；筹备直播道具等
		调试直播设备和直播软件；保障直播视觉效果；上架商品链接；配合主播发放优惠券

（2）发展团队。

发展团队是指入驻直播电商平台 3 个月以上 6 个月之内，拥有基础有效粉丝并能促进粉丝转化与辅售的稳定团队，其显著特性是有更多直播诉求且组织结构逐步完善正在发展的直播商家。团队组织结构为直播项目负责人——直播团队——店铺团队——视频团队。团队在初始团队的基础上增加了由策划、拍摄和剪辑等组成的视频团队，工作更加细化，直播团队与店铺团队分别增加了策划、场控。发展团队内部分工更加明晰。核心岗位是主播，其他人员都围绕主播来工作发展团队的人员构成及职能分工如表 1-4-5 所示。

表 1-4-5　发展团队人员构成分工及职能

人员构成	人数	职能分工
主播	1	熟悉商品脚本；熟悉直播活动脚本；做好商品讲解；控制直播节奏；做好直播复盘
运营	1	分解直播营销任务；规划直播商品品类；规划直播商品上架顺序；规划直播商品陈列方式；分析直播间数据
策划	1	策划直播间优惠活动；设计直播间粉丝分层规则和粉丝福利；策划直播平台排位赛直播活动；策划直播间引流方案
		撰写直播活动规划脚本；设计直播沟通技巧；搭建并设计直播间场景；筹备直播道具等
场控	1	调试直播设备和直播软件；保障直播视觉效果；上架商品链接；配合主播在后台发放优惠券

（3）成熟团队。

成熟团队是指入驻直播电商平台在 6 个月以上的直播团队，拥有较好直播间流量与相当数量的沉淀粉丝并且稳定粉丝销售转化能力的完备团队。作为成熟商家，比前两个时期更关注后端店铺商品更新、供应链路、商品质量与物料效率，更专注于前端短视频内容、直播间流量及转化。团队特性虽未变，但组织结构更优化，规模更大，成员更多，工作流程也更优化，其人员构成及职能分工如表 1-4-6 所示。

表 1-4-6　成熟团队人员构成及职能分工

人员构成	人数	职能分工	
主播团队	3	主播	（1）开播前熟悉直播流程、商品信息； （2）直播中介绍商品，介绍直播间福利，与用户进行互动； （3）直播后做好复盘，总结直播经验
		副播	（1）协助主播介绍商品、介绍直播间福利活动； （2）试穿、试用商品； （3）主播离开时担任临时主播等
		助理	（1）准备直播商品、道具等； （2）协助配合主播的工作，做主播的模特，在镜头外完成画外音互动等

续表

人员构成	人数	职能分工
策划	1	（1）规划直播内容： （2）确定直播主题，准备直播商品； （3）做好直播前的预热宣传； （4）规划好开播时间段，做好直播间外部导流和内部用户留存等
编导	1	（1）撰写商品介绍脚本、直播活动脚本、关注直播间沟通技巧脚本、控评沟通技巧脚本； （2）设计直播间场景，例如直播间背景、直播页面中的贴片等； （3）设计主播和副播的服饰、妆容，直播中使用的道具等
场控	1	（1）做好直播设备如摄像头、灯光等相关直播软硬件的调试； （2）负责好直播中控台的后台操作，包括直播推送、商品上架、优惠券发放，以及实时直播数据监测等； （3）接收并传达指令，例如，若直播运营有需要传达的信息（如商品库存数量、哪些地区不能发货等），场控在接到信息后要传达给主播和副播，由他们告诉用户
运营	2	（1）分解直播营销任务； （2）规划直播商品品类； （3）规划直播商品上架顺序； （4）规划直播商品陈列方式； （5）分析直播间数据； （6）做好直播推广引流； （7）做好用户分层管理等
店长导购	2	主要辅助主播介绍商品，强调商品卖点，同时协助主播与用户互动
拍摄剪辑	1	负责视频的拍摄与剪辑，如直播花絮、主播短视频，以及介绍商品相关信息的视频片段等，辅助直播工作
客服	2	（1）配合主播在线与用户进行互动答疑； （2）修改商品价格，上线优惠链接，促进订单转化，解决发货、售后等问题

2. 直播电商岗位职责要求

成熟的直播电商团队通常由直播团队、店铺团队、视频团队组成，每个岗位都有不同的职责和岗位要求，岗位间紧密衔接才能使团队高效运作。

1）直播团队的组成与岗位职责要求

（1）主播。

主播是一场直播的主导者，是直播间的核心，所有的幕后工作都需要主播呈现出来，所以主播的基本素养和能力非常重要。想要成为一位优秀的主播，需要经过大量的学习和练习，以及多场的实战总结积累。在直播带货中，主播的主要工作职责与能力要求分别如表 1-4-7 和表 1-4-8 所示。

表 1-4-7 主播工作职责

直播阶段	工作职责
直播前	（1）协助团队成员选品； （2）提前了解品牌和商品信息； （3）确认直播场地； （4）确认直播中互动活动的时间和方式
直播中	（1）详细讲解商品，试穿、试用商品； （2）介绍直播间优惠活动，为用户发放福利； （3）与用户进行互动，活跃直播间氛围； （4）回答用户提出的问题； （5）引导观看直播的用户关注和分享直播间
直播后	（1）处理订单； （2）与团队进行直播复盘； （3）进行下一场直播的准备工作等

表 1-4-8 主播的能力要求

能力类别	能力要求
人设塑造能力	能够塑造主播人设，创造具有自我特色的沟通技巧、直播风格等，以体现差异性，提高自己的辨识度
形象管理能力	（1）主播的穿着要整洁、得体，着装要以简洁、自然、大方为原则； （2）直播妆容大方、自然
选品、议价能力	（1）能够根据自身人设特点、粉丝特点选择适合自己的直播商品； （2）能与商品品牌方就商品价格、合作模式进行谈判，为用户争取最优惠的商品价格，提高直播商品对用户的吸引力
商品讲解能力	（1）具备良好的语言表达能力，讲解商品时发音准确，语速得当，具有感染力； （2）深刻了解商品相关信息，清楚商品的卖点，能在直播中对商品进行详细讲解和展示； （3）能使用逻辑性强、具有技巧性的语言激发用户购买商品的欲望； （4）要有一定的镜头感，知道怎样在镜头前展示才能将商品的最佳状态展现出来，彰显商品的美观、美味等特征，让用户有下单购买的欲望
直播控场能力	（1）直播前要做好商品排序，根据直播营销效果调整商品上架顺序，单品上架时间一般为 10 min，效果不好可以立即切换商品，效果好可以适当延长上架时间； （2）擅长营造直播间的氛围，知道在什么情况下活跃气氛，调动用户的积极性，如主动引导用户刷屏、点赞，当转粉率较低时积极引导用户关注自己； （3）灵活应对直播中遇到的突发状况，控制直播效果
心理承受能力	要有强大的心理承受能力，面对用户负面、消极的声音时能够理智、冷静地应对。主播在经受各方面的压力与挫折时，要能快速调整自己的心态，善于疏导自己的心理，反省自我

（2）副主播。

副主播是一场直播的辅助者，配合、补充、助力主播完成直播。副主播的主要工作职责与能力要求分别如表 1-4-9 和表 1-4-10 所示。

表 1-4-9　副主播的工作职责

直播阶段	工作职责
直播前	（1）协助团队成员选品； （2）提前了解品牌和商品信息； （3）确认直播场地； （4）确认直播中互动活动的时间和方式； （5）调试直播设备，进行直播测试； （6）确认直播商品、辅助道具等物品全部到场等
直播中	（1）活跃直播间气氛，帮助主播掌控直播节奏，如提醒主播直播活动时间点； （2）充当主播的模特，试穿、试吃、试用商品； （3）帮助主播补充遗漏的商品信息； （4）根据活动策划，适时地使用计算器、秒表、道具板等道具辅助主播顺利地完成商品讲解； （5）在场外通过画外音或者文字的形式对主播提到的商品或优惠信息作出补充； （6）向用户讲解领取优惠券的方式； （7）认真回答直播间用户提出的问题，时刻提示用户关注直播间； （8）主播离席时及时补位，维持直播间的热度； （9）直播时出现声音、画面不正常时，及时检查维护等
直播后	（1）协助主播处理订单； （2）与团队进行直播复盘； （3）进行下一场直播的准备工作等

表 1-4-10　副主播的能力要求

能力类别	能力要求
广告传媒能力	（1）懂得如何吸引更多的用户，使直播间人气更高，如设计一张足够吸引人的直播封面，策划一场有利于吸粉的直播活动等； （2）善于运用微信、微博、抖音等各类媒体帮助主播进行宣传，扩大主播的影响力
团队沟通协作能力	副播必须与主播保持紧密、良好的沟通，有时主播只用一个眼神或动作，助理就马上明白他需要如何反应，达到“心有灵犀”的默契程度
商品销售能力	了解直播商品的基本信息和卖点，例如，某款衣服最适合哪类人穿、受众对象是谁，怎样挖掘用户的痛点，提供解决用户需求的方案等
直播运营能力	了解直播平台的推荐机制和直播间的运营技巧，懂得如何提高直播间浮现权来尽可能多地获取自然流量，也要深度掌握直播的技巧和需要避开的点，从而得到更优质的商业流量

（3）场控/中控。

场控/中控是一场直播的推进者和价格的把控者，配合主播完成直播，通常为同一岗位。场控/中控的工作职责和能力要求如表 1-4-11 所示。

表 1-4-11　场控/中控的工作职责和能力要求

类　别	要　求
工作职责	（1）直播布置、调试设备、软件设置、后台操作、数据监测、指令接收及传达是基本职责； （2）开播前的相关软硬件调试； （3）操作直播后台、控制整场直播节奏； （4）负责现场商品秒杀改价、库存核对、活动优惠设置、店铺后台设置、PC 直播端商品讲解配合等； （5）直播中实时监控直播间留言，尤其注意是否有人发送对主播、品牌和商品不良言论； （6）及时控评，避免不良影响的蔓延扩散
能力	（1）具备直播节奏感； （2）掌握直播整体进度； （3）具备数字敏感度； （4）把控和调整直播价格与库存释放

（4）运营。

运营是直播流量、内容、活动、用户的维护者，负责统筹工作，被称为直播间的“操盘手”。运营的工作职责和能力要求如表 1-4-12 所示。

表 1-4-12　运营的工作职责和能力要求

类　别	要　求
工作职责	（1）负责整场直播的运营，包括直播玩法设计（如活动策划、利益点、营销点、秒杀等）、商品的组合销售、直播商品排款、直播的流程与脚本、主播问题调整、直播场控（如屏蔽关键词、授权管理员安排、水军等）、广告投放等； （2）团队协作，包括外部协调如封面图的拍摄、设计制图、商品抽样、奖品发放、仓库部门协调等，内部协调如协调直播人员的关系情绪、直播时间以及直播间问题的协调等； （3）复盘，包括在工作执行完成后，根据部门人员配合表现加上消费者数据反馈，针对前期制定方案和目标进行详细数据复盘，给出合理总结和建议
能力	（1）具有寻找流量来源、规划直播内容、策划营销活动能力； （2）具有解答用户疑惑、执行直播活动能力； （3）具有监测直播数据、统筹协调全链路等能力

2）店铺团队的组成与岗位职责要求

（1）选品。

选品是店铺与直播商品的选择者，优质的商品能够直接影响店铺与直播商品的转化率。本岗位需要有很强的专业知识，相当于传统行业的采购岗位。选品的工作职责和能力要求如表 1-4-13 所示。

表 1-4-13　选品的工作职责和能力要求

类　别	要　求
工作职责	（1）主要负责商品筛选； （2）对商品进行调研、比价，完成商品信息采集； （3）帮助主播把关商品质量、预判热度； （4）选出能够打动消费者的商品
能力	（1）具有对商品价格、卖点、质量敏感能力； （2）能有效分析商品潜力

（2）美工。

美工是商品视觉效果的制造者，能够制作出对客户具有视觉冲击力的商品效果图。美工的工作职责和能力要求如表 1-4-14 所示。

表 1-4-14　美工的工作职责和能力要求

类　别	要　求
工作职责	（1）负责店铺整体版面和风格设计，日常维护与定期更新； （2）首页广告图片制作及美化、整体布局、活动广告和相关图片的制作； （3）负责对新商品进行排版、优化店内商品描述、美化商品图片； （4）负责活动专属页面及活动商品图片的创意
能力	（1）具有对商品卖点、使用场景、空间构图敏感能力； （2）专业技能扎实

（3）客服。

客服是店铺和直播间的维护者，能够应对客户的疑问并给予解决方案，通常分为售前客服和售后客服，一个好的客服可以在很大程度上带动整个直播电商团队的销售额。客服的工作职责和能力要求如表 1-4-15 所示。

表 1-4-15　客服的工作职责和能力要求

类　别	要　求
工作职责	（1）负责直播中客户的售前售后等问题的解答，给用户更好的购物体验； （2）高效处理用户购买商品后出现的各种问题，包括出单、物流、复购等； （3）表格化呈现未解决的售后问题和物流情况并及时跟踪； （4）定期和不定期进行客户回访，发展维护良好的客户关系
能力	（1）具有强大的心态； （2）良好的耐心

（4）仓储。

仓储是货品的管理者，通常不属于直播电商团队的岗位序列，一般归属于仓库部门。仓储的工作职责和能力要求如表 1-4-16 所示。

表 1-4-16　仓储的工作职责和能力要求

类别	要求
工作职责	（1）承担运营或客服对接仓储专员职责； （2）了解商品库存、及时发货、处理退货等相关工作
能力	（1）具有商品管理能力； （2）具有及时有效地盘点库存能力 （3）具有及时有效处理订单能力； （4）具有及时有效进行物流发货能力

3）视频团队的组成与岗位职责要求

（1）策划。

策划是短视频内容的策划者，能够将商品与事件巧妙结合，是视频团队的核心。策划的工作职责和能力要求如表 1-4-17 所示。

表 1-4-17　策划的工作职责和能力要求

类　别	要　求
工作职责	（1）确定选题； （2）搜寻热点话题； （3）进行题材的把控和脚本的撰写； （4）制作明确的视频拍摄和剪辑大纲； （5）参与视频的拍摄与剪辑
能力	（1）具备创作能力； （2）具有内容、商品、任务、事件、文案能够高度关联能力； （3）具有对短视频的内容质量负责能力

（2）拍摄。

拍摄是短视频视觉的呈现者。拍摄的工作职责和能力要求如表 1-4-18 所示。

表 1-4-18　拍摄的工作职责和能力要求

类　别	要　求
工作职责	（1）负责短视频的拍摄和场地的搭建； （2）确定短视频拍摄风格； （3）把控短视频内容的风格； （4）负责商品图的拍摄
能力	（1）应具备摄影能力； （2）具有空间、时间、光影、场景、环境、风格能够灵活运用能力； （3）具有对短视频视觉负责能力

（3）剪辑

剪辑是短视频成片的调整者。剪辑的工作职责和能力要求如表 1-4-19 所示。

表 1-4-19　剪辑的工作职责和能力要求

类别	要求
工作职责	（1）负责把拍摄好的短视频内容素材拼接成视频； （2）负责配音配乐、字幕文案、视频调色和特效制作等工作； （3）负责最后成片
能力	（1）具有调整能力； （2）具有一定的审美能力； （3）具有负责短视频的最终呈现效果能力

（二）设备、工具准备

为了组建直播电商团队完成工作任务，每个工作团队（小组）需要向直播电商店家（公司）内物业（品）工作人员提供借用工具清单如表 1-4-20 所示。

表 1-4-20　任务借用工具清单

序号	名称（型号、规格）	数量	借出时间	学生签名	归还时间	学生签名	管理员签名
1							
2							
3							
4							

（三）材料准备

为了组建直播电商团队完成工作任务，每个工作团队（小组）需要向直播电商店家（公司）内物业（品）工作人员提供领用材料清单如表 1-4-21 所示。

表 1-4-21　任务领用材料清单

序号	名称（型号、规格）	数量	借出时间	学生签名	归还时间	学生签名	管理员签名
1							
2							
3							
4							

（四）团队（小组）方案

按销售服务内容将学生分为若干个团队（小组），每个团队（小组）根据工作岗位工位的要求由 3-5 人组成，指定 1 人为团队（小组）长、2 人为材料管理员。材料管理员负责材料领取分发，团队（小组）长负责组织本组相关任务的计划、实施及讨论汇总，填写本团队（小组）成员工作任务实施所需文字材料的相关记录表。

二、制订工作计划

（一）拟订任务安排

1. 任务下达

2. 任务目的与描述

3. 任务完成条件

4. 任务过程（完成流程）

5. 阶段任务成果

6. 任务完成成果

（二）任务工单

任务工单如表 1-4-22 所示。

表 1-4-22　组建直播电商团队任务工单

<table>
<tr><td>任务名称</td><td colspan="3"></td><td>任务用时</td><td></td><td>直播室号（工区）</td><td></td></tr>
<tr><td>组　别</td><td></td><td>组长</td><td></td><td>指导教师</td><td></td><td>指导师傅</td><td></td></tr>
<tr><td>任务人姓名</td><td></td><td>任务年月</td><td></td><td>团队成绩</td><td></td><td>个人成绩</td><td></td></tr>
<tr><td>任务设备</td><td colspan="3"></td><td>任务场所</td><td></td><td>完成时长</td><td></td></tr>
<tr><td>任务描述</td><td colspan="7"></td></tr>
<tr><td>任务要求</td><td colspan="7"></td></tr>
<tr><td>实施记录</td><td colspan="7"></td></tr>
<tr><td>任务结论</td><td colspan="7"></td></tr>
<tr><td>任务检查</td><td></td><td>组长检查</td><td></td><td>教师检查</td><td></td><td>师傅检查</td><td></td></tr>
</table>

三、任务实施

（一）任务内容

1. 直播电商团队构成

（1）什么是直播团队？

（2）简介直播团队组织架构。

（3）如何组建直播团队？

（4）何谓初始团队？

（5）何谓发展团队？

（6）何谓成熟团队？

2. 直播电商岗位要求

（1）简介直播团队的组成及岗位职责要求。

（2）简介店铺团队的组成及岗位职责要求。

（3）简介视频团队的组成及岗位职责要求。

（二）工作任务实施

1. 工作展开

（1）委任项目负责人：提前准备五个不同名称的直播项目（XX 家电官方旗舰店项目、XX 服装品牌官方旗舰店项目、XX 铺子零食官方旗舰店项目、XX 珠宝首饰官方旗舰店项目、XX 达人乡村助农直播项目），由老师从项目规划、人员需求、营销活动策划、选品等维度面试 5 位同学成为直播项目负责人。

（2）模拟面试：5 位直播项目负责人列出岗位需求，面向其他同学发布职位，同学们根据自身情况和岗位信息投递“简历”，参加面试，竞争上岗，组建各自的直播电商团队。

（3）项目答辩：每个组推选 1-2 名成员从岗位设置标准、面试标准、团队构成依据、团队运作思路等方面进行上台答辩。

（4）答辩完成后，各个团队互评，老师逐个点评，形成结论。

2. 工作记录

（1）任务布置（5 min）。

根据任务要求组建项目，确定项目负责人。

（2）模拟面试（30 min）。

根据岗位设置和自身情况参加模拟面试。

（3）团队讨论（5 min）。

各团队围绕“为什么要这样来组建这个直播项目团队”展开讨论。

（4）答辩+点评（20 min）。

通过答辩和点评达到巩固效果并形成结论。

3. 实施注意事项

根据直播具体计划与商品安排，直播注意事项主要包括：

（1）注意用电安全以及正确、合理使用相关设备设施。

（2）使用网络搜集直播电商团队资料时，注意在直播电商网络平台上完成，辨别直播团队类型与发展阶段，树立正确的直播团队价值与协作进取意识。

（3）独立搜集，集中讨论，不得相互抄袭。

（4）准确理解任务要求，制订好工作计划，逐项填制任务工单，做好任务评价。

（5）控制任务完成进度，确保达成任务质量目标。各小组在老师规定的时间范围内完成相应任务并提交任务总结。

四、任务评价

（一）成果展示

1. 各团队（小组）派代表展示任务成果

2. 其他团队（小组）提出的改进建议

（二）评估总结

1. 学生自我评估与总结

2. 团队自我评估与总结

3. 教师指导评估与总结

4. 师傅指导评估与总结

（三）团队对工作岗位“6S”处理

在团队（小组）和教师都完成工作任务总结以后，各团队（小组）必须对自己的工作岗位进行“整理、整顿、清扫、清洁、安全、素养”检查与要求；归还所借的工量具、场景道具和模拟工件。

（四）评价表

直播电商团队任务完成情况评价如表 1-4-23 所示。

表 1-4-23　组建直播电商团队任务完成情况评价表

<table>
<tr><td colspan="9">班级：________________
团队（小组）：________________
姓名：________________</td></tr>
<tr><td colspan="9">指导教师：________________　带岗师傅：________________
日　　期：________________　日　　期：________________</td></tr>
<tr><td rowspan="2">评价项目</td><td rowspan="2">评价标准</td><td rowspan="2">评价依据</td><td colspan="4">评价方式</td><td rowspan="2">权重</td><td rowspan="2">得分小计</td></tr>
<tr><td>学生自评(20%)</td><td>团队自评(30%)</td><td>教师导评(20%)</td><td>师傅导评(30%)</td></tr>
<tr><td>职业素养</td><td>（1）遵守规章制度、劳动纪律；
（2）按时按质完成工作任务；
（3）积极主动承担工作任务，勤学好问；
（4）保证人身安全与设备安全；
（5）工作岗位“6S”完成情况</td><td>（1）出勤；
（2）工作态度；
（3）劳动纪律；
（4）团队协作精神</td><td></td><td></td><td></td><td></td><td>0.3</td><td></td></tr>
<tr><td>专业能力</td><td>（1）熟悉组建直播电商团队知识；
（2）能正确理解直播电商团队构成；
（3）能准确理解直播电商岗位要求</td><td>（1）操作的准确性和规范性；
（2）工作页或任务实施总结完成情况；
（3）专业技能任务完成情况</td><td></td><td></td><td></td><td></td><td>0.5</td><td></td></tr>
<tr><td>创新能力</td><td>（1）在任务完成过程中能提出有一定见解的方案；
（2）在教学或生产管理上提出建议，具有创新性</td><td>（1）方案的可行性及意义；
（2）建议的可行性</td><td></td><td></td><td></td><td></td><td>0.2</td><td></td></tr>
<tr><td colspan="8">合计</td><td></td></tr>
</table>

模块二：直播准备工作

任务一 直播电商宣传准备

任务描述

经过模块一的学习和完成相应任务，嘉懿已经明白了什么是直播与直播电商，熟悉了典型直播平台的入驻与运营规则，清楚了国家针对直播行业与直播行为制定的法律法规，初步搭建了基于自己网络店铺的初级直播团队。信心与日俱增的嘉懿，决定尝试开展第一场直播活动。她该从哪里入手呢？

开展直播电商活动，期待取得预期成效，必要的宣传不可替代。如何进行直播电商宣传？首先就要制订商品素材搜集计划，搜集商品图文素材，制作商品专属宣传素材；使用网络搜索工具核实、整理商品素材信息，发布商品图文信息预告，按照预先计划在不同平台上进行宣传。一切准备就绪后，直播团队就可以在各大平台进行预热宣传了。

任务要求

直播电商工作要取得预期成效，必须重视准备工作，其中宣传工作准备是重点。

（1）能制订商品素材搜集计划，搜集商品图文素材。

（2）能使用网络搜索工具核实、整理商品素材信息。

（3）能发布商品图文信息预告。

（4）能制作商品专属宣传素材，执行跨平台宣传计划。

任务目标

1. 知识目标

（1）掌握搜集产品图文素材的方法。

（2）掌握如何利用网络搜索工具核实与整理产品素材信息。

（3）掌握如何发布产品图文信息预告。

（4）掌握制作产品专属宣传素材并执行跨平台宣传计划等的方法。

2. 技能目标

（1）熟练搜集产品图文素材。

（2）熟练网络搜索工具核实与整理产品素材信息。

（3）熟练发布产品图文信息预告。

（4）熟练制作产品专属宣传素材并执行跨平台宣传计划。

3. 素养目标

（1）养成利用网络搜索工具，有效搜集、核实、整理产品素材信息的习惯。

（2）养成发布、宣传产品图文的习惯。

一、任务准备

（一）相关理论知识

1. 产品图文素材搜集与计划

1）搜集背景

电商行业更新换代快，特别是商品日新月异，种类越来越丰富，消费者可选择的种类太多。如何抓住消费者的眼球，成了直播电商能否成功的关键。在这个背景下，搜集商品图文素材，吸引消费者显得尤为重要。对于直播文案，素材是文案的源泉之水，需要丰富的素材来支撑文案和直播内容。

2）搜集内容

搜集大量的能吸引消费者关注的商品素材，素材越丰富直播内容越充实。素材包括直播商品的原材料、规格、颜色、尺寸、包装、产地等图文资料，竞争对手商品的图文资料，以及目标市场变动趋势和消费者需求偏好等方面的图文资料。素材的形式包括但不限于文字、图片、视频等。搜集的商品信息重点包括商品规格和商品特性。

（1）商品规格。

商品规格是指商品的物理参数，一般包括体积、长度、形状、重量等。在标准化生产线，一种商品采用同一种规格衡量标准，以区分类似商品。不同类型的商品采用不同方式来区分。为了快速掌握商品图文素材资料，便于用专业直播形式服务于特定消费者群体（粉丝），常见的商品规格可以按照大小、重量、容量、长度等区分。

① 按大小来区分商品。

服装、鞋子、内衣、戒指等商品都是按尺码规格来区分的。鞋子按脚的长短来确定尺码，一般常见女鞋尺码为 35 ~ 37 码，男鞋尺码为 40 ~ 42 码。服装市场有两种尺码标识方法，第一种是按照传统的 S、XS、M、L、XL、XXL 来区分，依次代表小号、加小号、中号、大号、加大号、加加大号；第二种是按照身高加胸围的形式来区分，如 160/80 A、165/85 A、170/85 A 等，斜线前面的数字（代表“号”）是指服装的长短或人的身高，斜线后面的数字代表“型”是指人的胸围或腰围，英文字母（体型代号），指人的体形特征，如 A 表示一般体型，B 表示微胖体型，C 表示胖体型。商品的尺码对照表如表 2-1-1 所示。

表 2-1-1　商品的尺码对照表

码制	尺码														
页面显示码	35	35.5	36	37	37.5	38	39	39.5	40	41	41.5	42	43	43.5	44
鞋盒尺码美码 US	3.5	4	4.5	5	5.5	6	6.5	7	7.5	8	8.5	9	9.5	10	10.5
中码 CHN	210	215	220	225	230	235	240	245	250	255	260	265	270	275	280
页面显示码	47.5	48	49	49.5	50	51	51.5	52	53	53.5	54	55	55.5	56	57
鞋盒尺码美码 US	13	13.5	14	14.5	15	15.5	16	16.5	17	17.5	18	18.5	19	19.5	20
中码 CHN	305	310	315	320	325	330	335	340	345	350	355	360	365	370	375

注：中码单位为 mm，即测量脚长的长度。如 220 mm 对应的页面显示码为 36 码，鞋盒尺码为 4.5。

② 按重量来区分商品。

固体的食品、茶叶、彩妆类等商品的质量单位可以为“克”“千克”。在商品的外包装上“g”表示质量单位“克”，“kg”表示质量单位“千克”。如 100 g 牛肉干、150 g 茶叶、10 kg 大米、10 g 的粉饼、30 g 的散粉、3 g 装的口红等。

③ 按容量来区分商品。

液体的饮料、油、护肤类等商品的容量单位可以为“升”“毫升”，在商品的外包装上“mL”表示容量单位“毫升”，“L”表示容量单位“升”。如 500 mL 的矿泉水、2 L 的花生油、100 mL 的爽肤水、30 mL 的香水等。

④ 按长度来区分商品

钓竿、管材、布料、花边等商品的长度单位可以为“米”“厘米”，在商品的外包装上“m”表示长度单位“米”，“cm”表示长度单位“厘米”，一般长度越长价格越贵。

此外，商品规格还可以用其他计量单位来区分，如地板按平方米计算价格、木料按立方米计算价格、灯泡按功率计算价格、电脑按配置计算价格，更多的商品是按件数、个数计算价格，也有的同款商品因不同颜色的热销程度导致价格也会有所不同。在准备搜集直播商品信息时，首先要了解区分商品的不同方式和计量单位，这是了解商品的第一步，也是必须具备的最基础常识。

（2）商品特性。

商品特性是指商品展示卖点。了解商品才能更好地介绍和展示、推销商品。消费者（粉丝）对商品的接受度，很大程度取决于直播人员的商品介绍水平。商品特性的了解运用可分为三个逐步提升阶段，每进步到下一个阶段，销售业绩也会跟着上一个台阶，这个商品特性推介展示阶段分别是商品的属性、特点与利益。图 2-1-1 所示为依据产品特性展示鞋类商品。

① 按属性来区分商品。

最大限度了解商品材质、大小规格、适用范围等。了解这些商品特性，才能回答顾客的简单提问，能够回答衣服的面料是什么，食品使用了哪些基本的原材料，该商品适合什么人或什么情况下使用等。如某空调的属性包括功率、能效等级、颜色、尺寸等。

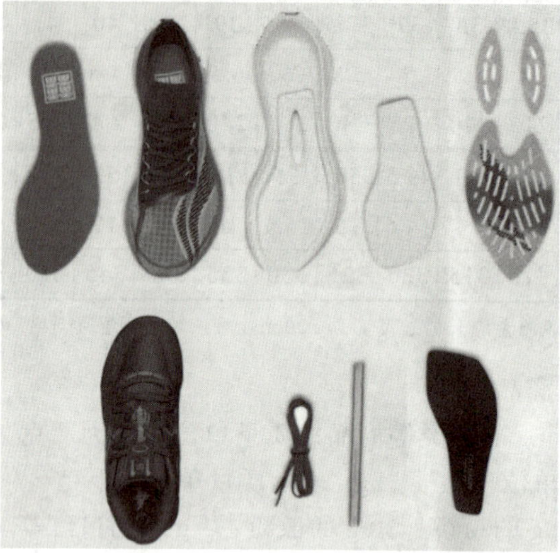

图 2-1-1　依据产品特性展示鞋类商品

② 按特点来区分商品。

商品的特点在一定程度上代表了与同类商品相比较的优势，如棉质的面料更透气与吸汗，使用不含添加剂的食品更安全，商品可以两用或多用，感觉很独特、很有个性、是限量版、送礼非常有新意等，某空调的特点是节能效率。

③ 按利益来区分商品。

如果商品的优势不能有效地转化为消费者（粉丝）的利益，那么，在销售的时候消费者（粉丝）就不会被轻易打动。消费者（粉丝）购买商品是为了满足自己的某一个需求，而揣摩消费者（粉丝）真实的心理是一个销售高手所应该具备的专业素质和能力。如某空调具有高效节能效率，这个特点能给消费者（粉丝）带来节省电费的好处。

3）搜集步骤

（1）市场调研，调研消费者（粉丝）对商品的喜好，调研不同商品的特点；

（2）根据调研结果，有针对性地通过各种工具搜集商品图文素材；

（3）对搜集到的图文素材进行分类整理；

（4）对图文素材进行信息发布宣传。

2. 网络搜索工具

网络是一种便捷的信息获取渠道，通过搜索引擎、论坛和贴吧、微博微信社交平台、直播视频等多种方式，可以轻松获得有关商品信息、市场趋势、商品评价、竞品对比等相关信息。

（1）搜索引擎。

通过搜索引擎搜索本类商品并进行分析、对比，可以了解大量的消费者对商品的评价和需求，以及市场上相关商品的情况和知名度，搜集到网络上最广泛的商品素材，为商品开发、创新、定位等提供参考依据。

（2）论坛和贴吧。

通过参与相关商品的论坛和贴吧，了解到消费者对相关商品的使用体验、问题和痛点等，从而分析、获取商品需要改进的措施。针对性地搜集商品素材，为商品研发和改进提供参考依据。

（3）社交媒体。

通过社交媒体可了解到用户对相关商品的评价和需求，也可通过进行线上活动的方式吸引大量潜在客户，搜集到目前最新最深入人心的商品素材，为商品研发和营销提供参考依据。

3. 产品图文信息发布

1）文字信息发布

（1）商品标题发布。

商品标题是信息内容的核心浓缩。表述清晰并且包含商品关键信息的标题，能够让消费者（粉丝）更容易地了解商品，从而吸引消费者的兴趣。标题包含商品相关的关键字，标题中增加与商品相关的描述性词，可以丰富标题内容、突出商品卖点，如品牌、型号、款式、颜色、材质、功能、特性、促销折扣等信息。

（2）商品类目发布。

通过输入商品名称等关键词，快速查找并选择正确的商品类目；也可以按照类目结构，逐级选择直播商品所对应的类目。可参考淘宝京东等成熟平台的类目划分。

（3）商品属性发布。

信息发布过程中，商品属性是非常核心的填写内容。完整、准确地填写商品属性，可以提高信息在搜索时的命中率，大大提高曝光率，也能够让买家在第一时间内更全面地了解商品。

2）图片信息发布

上传商品的清晰实拍大图，可以帮助消费者（粉丝）第一时间直观了解直播商品细节。上传的商品图片会显示在供应信息搜索结果列表中，也会展示在该条信息的详情页面中。上传与商品相关的实拍大图，切勿上传无关图片。图 2-1-2 是某儿童衣服图文信息。

4. 产品专属宣传素材制作与跨平台宣传计划执行

1）商品专属宣传素材策划

宣传素材是直播电商团队进行宣传推广的重要手段。好的宣传素材能够有效地传达直播商品信息，形成粉丝围观传播效应，提升直播品牌与商家形象。

（1）明确宣传目标与素材制作策划。

明确的宣传目标与素材制作策划，是商品专属宣传素材制作的首要环节。在此阶段，需要明确直播电商目标受众、直播场所呈现的信息和素材形式。

INFORMATIN

产品信息

商品概况

Product/品名：休闲T恤

Name/货号：

Color/颜色：灰黑 黑色 橘色 黄白 橘白 蓝白

Fabic/面料：柔软面料

Size/尺码：110-170 cm

PRODUCT SIZE

产品尺寸

尺码	胸围*2	肩宽	衣长
110	37	38	46
120	39	40	48.5
130	41	42	51
140	43	44	53
150	45	46	56
160	47	48	59
170	49	50	62

尺码表为实物测量数据，具体以实物为准，误差在1-3cm左右，单位为cm

图 2-1-2　儿童衣服图文信息

① 定位直播目标粉丝。

制作商品专属宣传素材需要首先确定直播目标粉丝。不同直播粉丝群体的相应商品专属素材各有不同。直播目标粉丝因性别、年龄、收入、文化等因素，可能是特定年轻人、女性、白领丽人或商家店铺。因此直播目标粉丝的界定是确定商品专属素材形式与内容的前提。

② 明确商品专属素材呈现信息。

在确定直播目标粉丝群体后，需要明确呈现信息的商品专属素材。商品专属素材信息既包括品牌属性或商品特点的核心信息，也包括表现或简化说明核心信息的辅助信息，使直播粉丝群体更容易认识、理解素材内容。

③ 选择商品专属素材的形式与样式。

商品专属宣传素材的形式有海报、广告、宣传册、视频等多种形式，形式不同会有不同的样式。在交通道路上宣传直播新品，移动广告牌可能是最佳选择。产品专属宣传素材标识如图 2-1-3 所示。

（2）创意直播商品与品牌设计。

在完成上一步策划后，就需要进行直播商品与品牌的创意设计，这是制作商品专属宣传素材的最重要环节。

图 2-1-3　产品专属宣传素材标识

① 制订创意直播商品与品牌设计方案。

在注意创意设计多种元素使用一致性、逻辑性与统一性的基础上，结合商品专属宣传素材需要，确定素材设计方案的颜色、排版、款式等系列元素，与设计所要传递的直播商品专属信息进行整合，注重细节上的处理等。

② 做好创意直播商品与品牌设计预案。

做好直播商品与品牌设计预案，可以帮助消费者更好地了解直播宣传素材的效果图、确定制作素材的基础、细化并保证素材质量的关键细节等。

（3）商品专属素材制作与印刷。

在完成设计方案和设计预案后，便可以进行商品专属素材的制作与印刷。

① 选择合适的商品专属素材。

选择合适的材料是商品专属宣传素材质量的关键。基于创意直播商品与品牌设计方案，选择环保、透明度高、耐磨性好的印刷介质和材料。

② 选择合适的印刷厂家和设备。

选择合适的印刷厂家和设备也是保证商品专属宣传素材质量的关键。选择合适的印刷厂家和设备可以保证商品专属宣传素材的品质和细节，从而达到最好的直播宣传效果。

③ 加工、包装和发货。

在整个制作环节结束后，需要对制作出的商品专属宣传素材进行加工、包装和发货等。加工环节包括剪裁、装订、裱糊等，包装环节包括利用箱子、袋子等外包装进行包装，发货环节需要选择合适的物流公司保证商品专属宣传素材安全到达目的地。

2）跨平台宣传计划执行

（1）背景介绍。

随着互联网和移动互联网的普及，特别是4G技术的全覆盖和5G技术的应用推广，直播电商已经成为当今商业发展趋势。直播电商行业不断发展壮大，已经成为经济增长的重要支柱产业之一。

（2）市场分析。

目前，一些大型直播电商平台如淘宝、京东、天猫等占有的市场份额已经超过了50%，一些新兴的电商平台如拼多多、抖音电商等正在迅速发展壮大。根据市场分析预测，未来五年，中国直播电商平台市场将会不断扩大，而新兴的直播电商平台，特别是短视频类直播电商将有更大的机会与国内电商巨头竞争。

（3）竞争分析。

直播电商市场竞争激烈，需要根据用户需求和市场需求来制订竞争策略，才能在直播电商市场获得一席之地。因此，平台的宣传重点主要包括：

① 商品。提供高品质的商品和服务，满足用户的需求；

② 价格。提供具有竞争力的价格，在市场竞争中赢得优势；

③ 用户体验。提供各种各样的增值服务和用户体验，使用户满意。

（4）营销策略。

为了达到良好的跨平台宣传效果，可以制订的营销策略主要包括：

① 内容营销。创造有价值的、针对性的、有趣的内容来吸引和保留用户。

② 社交媒体营销。利用社交媒体平台推广自己的品牌和商品，吸引新的用户。

③ 搜索引擎优化。优化网站结构和内容来提高搜索引擎的排名，提高网站曝光率。

④ 广告投放。选择合适的广告渠道，增加品牌曝光度以吸引更多的用户。

（5）宣传案例展示技巧。

① 展示品牌名。

直播间购物商品质量问题令人担忧，一般商品物美价廉但信誉不高，而品牌商品则可以打消观众对商品质量的顾虑。如某品牌商品的“多效呵护、妈妈放心购”，某品牌商品的“穿一次就会爱上的内衣”，品牌商品方案如图 2-1-4 所示。

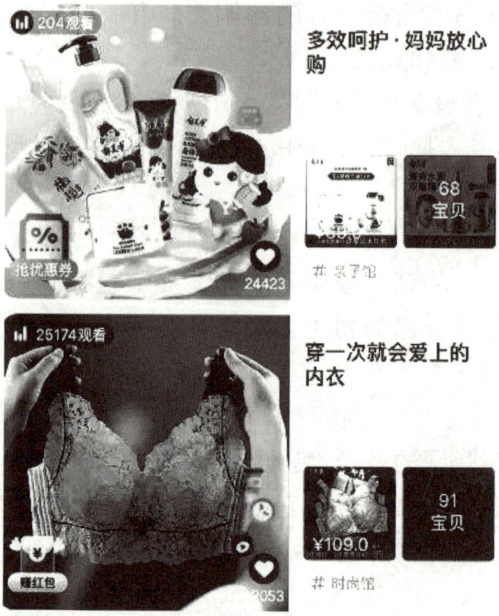

图 2-1-4　品牌商品方案

② 深击用户痛点。

用户痛点源于用户真实需求。根据用户痛点撰写宣传材料，可以快速吸引特定用户群进入直播间，如“职场美衣穿搭清凉一夏”“初入职场美饰搭配指南”，点明用户（职场女性）痛点（清凉一夏、初入职场穿搭），深击用户痛点文案。

③ 明确直播优惠。

观众喜欢在直播间购物，最大因素就是直播间的商品价格便宜。因此可利用观众对低价的追求，在宣传文案中点明直播间优惠力度。进入直播间的观众确认了优惠活动的真实性后，购买可能性增大。如“新品直播优惠立减 20”“裙装上新大放价一折起”“进店礼满 200 减 20”等类似文案，如图 2-1-5 所示。

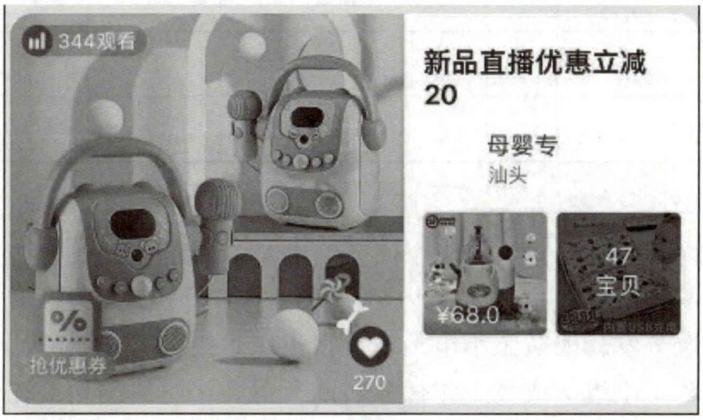

图 2-1-5　明确直播优惠文集

④ 巧用名人效应。

头部网红主播常会邀请一些明星来自己的直播间。在此情况下，在制定好的直播宣传文案中添加明星名字并附带一点直播亮点，可以达成此直播文案的宣传效果。

（二）设备、工具准备

为了准备直播电商宣传，每个工作团队（小组）需要向直播电商店家（公司）内物业（品）工作人员提供借用工具清单，如表 2-1-2 所示。

表 2-1-2　任务借用工具清单

序号	名称（型号、规格）	数量	借出时间	学生签名	归还时间	学生签名	管理员签名
1							
2							
3							
4							

（三）材料准备

为了直播电商宣传，每个工作团队（小组）需要向直播电商店家（公司）内物业（品）工作人员提供领用材料清单，如表 2-1-3 所示。

表 2-1-3　任务领用材料清单

序号	名称（型号、规格）	数量	借出时间	学生签名	归还时间	学生签名	管理员签名
1							
2							
3							
4							

（四）团队（小组）方案

按销售服务内容将学生分为若干个团队（小组），每个团队（小组）根据工作岗位工位的要求由 3-5 人组成，指定 1 人为团队（小组）长、2 人为材料管理员，材料管理员负责材料领取分发，团队（小组）长负责组织本组相关任务的计划、实施及讨论汇总，填写本团队（小组）成员工作任务实施所需文字材料的相关记录表。

二、制订工作计划

（一）拟订任务安排

1. 任务下达

2. 任务目的与描述

3. 任务完成条件

4. 任务过程（完成流程）

5. 阶段任务成果

6. 任务完成成果

（二）任务工单

任务工单如表 2-1-4 所示。

表 2-1-4　直播电商宣传准备任务工单

<table>
<tr><td>任务名称</td><td colspan="3"></td><td>任务用时</td><td></td><td>直播室号（工区）</td><td></td></tr>
<tr><td>组　别</td><td></td><td>组长</td><td></td><td>指导教师</td><td></td><td>指导师傅</td><td></td></tr>
<tr><td>任务人姓名</td><td></td><td>任务年月</td><td></td><td>团队成绩</td><td></td><td>个人成绩</td><td></td></tr>
<tr><td>任务设备</td><td colspan="3"></td><td>任务场所</td><td></td><td>完成时长</td><td></td></tr>
<tr><td>任务描述</td><td colspan="7"></td></tr>
<tr><td>任务要求</td><td colspan="7"></td></tr>
<tr><td>实施记录</td><td colspan="7"></td></tr>
<tr><td>任务结论</td><td colspan="7"></td></tr>
<tr><td>任务检查</td><td></td><td>组长检查</td><td></td><td>教师检查</td><td></td><td>师傅检查</td><td></td></tr>
</table>

三、任务实施

（一）任务内容

1. 产品图文素材搜集与计划

（1）图文素材搜集的背景是什么？

（2）如何理解产品规格的四种区分方式？

（3）如何理解产品特性？

（4）图文素材搜集有哪几个步骤？

2. 网络搜索工具使用

（1）如何使用搜索引擎？

（2）如何使用论坛与贴吧？

（3）如何使用社交媒体？

3. 产品图文信息发布

（1）如何进行文字信息发布？

（2）如何进行图片信息发布？

4. 产品专属宣传素材制作与跨平台宣传计划执行

（1）如何进行产品专属宣传素材制作？

（2）如何执行跨平台宣传计划？

（二）工作任务实施

1. 工作展开

（1）小组协商共同制定搜集产品图文素材方案。

（2）小组分工合作，根据方案实施不同的产品图文素材搜集。

（3）小组协商共同完成图文素材的整理和分类。

（4）小组分工完成产品图文信息发布。

2. 工作记录

（1）将搜集到的数据填入任务工单。

（2）小组讨论，形成结论填入工单。

3. 实施注意事项

根据具体的直播计划与商品安排，直播注意事项主要包括：

（1）注意用电安全以及正确、合理使用相关设备设施，注意网络安全以及预防计算机网络病毒。

（2）使用网络工具搜集商品图文素材、商品图文信息发布、制作商品专属宣传素材与执行跨平台宣传计划等时，注意辨别各操作要求与相关网络信息的真假，正确地进行直播电商宣传准备。

（3）独立搜集，集中讨论，不得相互抄袭。

（4）准确理解任务要求，制订好工作计划，逐项填制任务工单，做好任务评价。

（5）控制任务完成进度，确保达成任务质量目标，各小组在老师规定的时间范围内完成相应任务并提交任务总结。

四、任务评价

（一）成果展示

1. 各团队（小组）派代表展示任务成果

2. 其他团队（小组）提出的改进建议

（二）评估总结

1. 学生自我评估与总结

2. 团队自我评估与总结

3. 教师指导评估与总结

4. 师傅指导评估与总结

（三）团队对工作岗位“6S”处理

在团队（小组）和教师都完成工作任务总结以后，各团队（小组）必须对自己的工作岗位进行“整理、整顿、清扫、清洁、安全、素养”检查与要求；归还所借的工量具、场景道具和模拟工件。

（四）评价表

播电商宣传准备任务完成情况评价如表 2-1-5 所示。

表 2-1-5　直播电商宣传准备任务完成情况评价表

<table>
<tr><td colspan="10">班级：________________
团队（小组）：________________
姓名：________________</td></tr>
<tr><td colspan="10">指导教师：________________　带岗师傅：________________
日　　期：________________　日　　期：________________</td></tr>
<tr><td rowspan="2">评价项目</td><td rowspan="2">评价标准</td><td rowspan="2">评价依据</td><td colspan="4">评价方式</td><td rowspan="2">权重</td><td rowspan="2">得分小计</td></tr>
<tr><td>学生自评(20%)</td><td>团队自评(30%)</td><td>教师导评(20%)</td><td>师傅导评(30%)</td></tr>
<tr><td>职业素养</td><td>（1）遵守规章制度、劳动纪律；
（2）按时按质完成工作任务；
（3）积极主动承担工作任务，勤学好问；
（4）保证人身安全与设备安全；
（5）工作岗位“6S”完成情况</td><td>（1）出勤；
（2）工作态度；
（3）劳动纪律；
（4）团队协作精神</td><td></td><td></td><td></td><td></td><td>0.3</td><td></td></tr>
<tr><td>专业能力</td><td>（1）熟悉直播电商宣传准备知识；
（2）能正确使用网络搜索工具进行商品图文素材搜集与信息发布；
（3）能正确制订商品图文搜集与跨平台宣传计划并执行</td><td>（1）操作的准确性和规范性；
（2）工作页或任务实施总结完成情况；
（3）专业技能任务完成情况</td><td></td><td></td><td></td><td></td><td>0.5</td><td></td></tr>
<tr><td>创新能力</td><td>（1）在任务完成过程中能提出有一定见解的方案；
（2）在教学或生产管理上提出建议，具有创新性</td><td>（1）方案的可行性及意义；
（2）建议的可行性</td><td></td><td></td><td></td><td></td><td>0.2</td><td></td></tr>
<tr><td colspan="8">合计</td><td></td></tr>
</table>

任务二

直播电商设备、软件与材料准备

任务描述

嘉懿做完直播电商宣传准备后，搜集整理了直播电商的产品图文素材，在直播电商网络上发布了相关产品图文信息预告及跨平台专属素材宣传。接下来如何进一步开展工作呢？实际上要做好直播准备，除了宣传之外，还要做好直播电商设备、软件与材料的准备工作。

首先是要识别直播中的各种硬件，熟悉各设备的特性并能进行正确联结调试；其次就是选配好对应的直播带货软件并下载安装好；然后根据直播的具体计划要求，确定好对应的产品道具、场地、样品；最后还需要准备直播出镜者形象方案。这对嘉懿来说是一个全新的任务，现在就跟着嘉懿的步伐，一起完成直播电商设备、软件与材料准备任务。

任务要求

直播电商工作准备要求在做好宣传工作的同时，还要做好直播电商的设备、软件与材料准备工作。

（1）硬件安装调试。

（2）直播软件下载安装。

（3）道具、场地选择。

（4）样品（道具）搭配。

（5）出镜者形象方案制定。

任务目标

1. 知识目标

（1）学习掌握直播硬件设备相关知识。

（2）学习直播软件下载、安装方法。

（3）学习直播道具与场地的选择方法。

（4）学习如何搭配样品（道具）的方法。

（5）制订出镜者形象方案。

2. 技能目标

（1）熟练连接硬件设备。

（2）熟练下载、安装直播软件。

（3）熟练选择道具与场地。

（4）熟练搭配样品（道具）。

（5）熟练制订出镜者形象方案。

3. 素养目标

（1）养成准确识别直播硬件设备、道具、样品的习惯。

（2）认真对待直播所需硬件、软件与材料准备的工作态度。

（3）形成爱护直播硬件软件设备、节省直播道具样品材料、塑造良好出镜者形象的工作作风。

一、任务准备

（一）相关理论知识

1. 硬件相关知识

1）直播硬件设备类别

进行一场直播，需要购置直播带货设备，主要包括硬件设备、摄像设备、灯光设备、网络设备及相关工具。

（1）硬件设备类。

① 背景商品信息展示的电视：一般布置在主播的背后，同步介绍展示的直播商品与相关信息。

② 背景商品信息展示的 LED 屏：与电视功能一样用于同步介绍展示的直播商品与相关信息。

③ 摄像机信息及电脑中控或操盘转换的采集卡：采集摄像机信号并进行信号转换，然后输出、推流电脑。

④ 直播商品的展示台：布置于主播面前用于放置并展示商品的桌子，要求其形状、大小、颜色、造型要与展示商品所属行业特点相匹配。

⑤ 实现摄像机与电脑推流切换的导播台：切换不同摄像机机位，为推流电脑输出不同画面。

⑥ 团队直播的高配电脑：用于团队在直播间推流、中控、调整、挂链接等。

⑦ 大型或专业直播的备份高配电脑：重要直播需配备 2 台或以上的推流电脑，一般大型专场直播才会使用，或者专业机构的整合直播使用。

⑧ 直播现场与画面的监视器：为主播、现场团队提供现场画面监看，一般就是一个 LED 屏幕，放在主播前方但是不会进入镜头，让主播可以实时看见自己的情况以方便做出调整。

⑨ 监听直播声音的耳机：为导演/导播提供监听现场声音的耳机，一般适用于孕婴，也有个别主播使用，根据实际情况配置。

⑩ 直播音效键盘：音效控制器，一般是运营在操控，可以酌情配置。

⑪ 输出直播声音的小蜜蜂：即输出主播声音的话筒，一般在主播身上，这是基础配置。如果有条件可以配置一个效果好的声卡。

⑫ 直播讲解或流程的提词器：为主播提供商品讲解、流程等信息，可以是 LED 屏，也可以是记事板，根据实际情况酌情配置。

（2）摄像设备类。

① 采集直播画面并且可以与连接电脑传输数据的摄像机：可以采用一般的能采集直播间画面的智能机，但要使画面更清晰则建议使用专业镜头并与电脑连接。能够与电脑相连进行数据传输的摄像机如图 2-2-1 所示。

图 2-2-1　摄像机与电脑连接

② 固定与保护摄像机的支架：为了避免晃动而影响画量，可以利用支架来保护与固定手机或者摄像机，购置时注意选配高质量口碑好的品牌支架。

③ 拍摄远外景或高清画面的长焦机位配件：需要拍摄远景、外景或高清画面时，通常选用配置高的可以拍摄高清画面的镜头。

④ 稳定拍摄的云台：在拍摄外景或运动动态时，需要保持手机或摄像机稳定的专业云台。

（3）灯光设备类。

① 局部特写补光的美颜灯：直播时为使主播状态更自然明亮，更容易呈现个人特征，配置为主播脸部进行局部特写的补充光线的美颜灯。

② 环境补光的球形灯/日光灯：为了保证直播间更自然明亮、色彩明快明亮以及

增加光线整体量，配置为整个直播间进行环境补光的球形灯/日光灯。

③ 获得特定灯光效果辅助灯罩：为了让 LED 灯光朝不同方向射出，LED 灯包括 4 角、8 角、圆形，根据实际需求自行配置。辅助灯罩如图 2-2-2 所示。

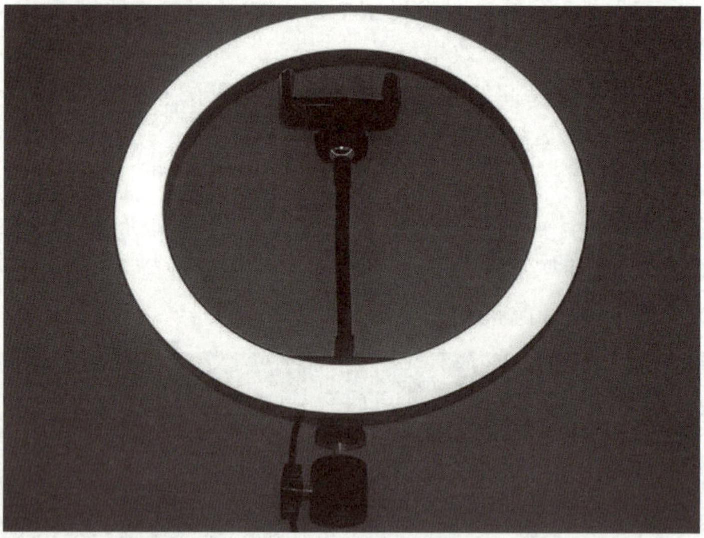

图 2-2-2　辅助灯罩

（4）网络设备类。

① 保证直播顺畅的专线网络。必须设置直播专线网络，保证直播过程顺畅不卡顿或延迟，预防发生不可挽回损失。

② 预防直播中断等风险的备用专线网络。重要的直播一般需要备份一条专线网络，可以根据实际情况和自身条件决定是否备份。

③ 专线网络严禁搭设无线路由器。严禁使用直播专线网络搭设 Wi-Fi，严禁其他人因为非直播原因接入此专线网络。

（5）工具类。

① 桌椅：根据直播间大小、样式与颜色进行选配，用于样品展示、主播及相关人员休息，以及作为直播间陈列道具的点缀等。

② 商品（样品）陈列架：根据商品行业特点进行选择，用于陈列整理好的直播样品，如摆放食品的桌子，展示衣服的挂杆等。

③ 道具架：根据具体的直播商品计划安排，统一放置并方便取用道具的架子。

④ 插线板：为类直播用电设备提供电源的插座，接线板必须选择信誉高、质量好的品牌厂家商品并合理布置，以保证为设备持续供电。

⑤ Mark 笔：主播或场控在讲解商品时需要使用，需要搭配小白板或小黑板等，一般直播活动都需要备用此类工具。

⑥ 各类连接线：连接直播的各类设备。

⑦ 电池：为小蜜蜂、通控器等用电设备提供电源，可以采用可充电电池或一次性电池。

⑧ 预防断（掉）电风险的即时充电器：主要为主播看播的直播机充电，一般采用原厂原装的；如果没有原厂原装的，也可以选择大品牌质量好的。

2）直播硬件设备连接

在准备好如图 2-2-3 所示的直播声卡硬件设备后，按照直播要求连接相应设备，以满足直播的不同需要。

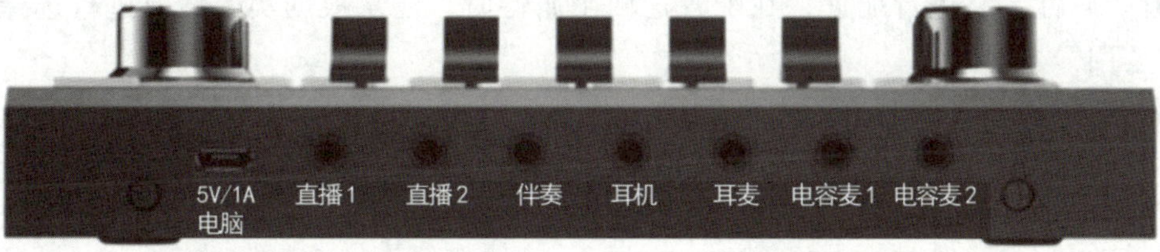

图 2-2-3 直播声卡

（1）手机直播连接。

首先准备好相关的直播手机、话筒、耳机等，然后在直播声卡的面板上找到对应设备的连接孔，直播手机、话筒、耳机的连线插头分别插入直播声卡的“直播 1”“电容麦 1”“耳机”孔即可。

（2）双手机直播连接。

首先准备好相关的两部直播手机、话筒、耳机等，然后在直播声卡的面板上找到对应设备的连接孔，直播手机、伴奏手机、话筒、耳机的连线插头分别插入直播声卡的“直播 1”“伴奏”“电容麦 1”“耳机”孔即可。

（3）手机直播电脑伴奏连接。

首先准备好直播手机、电脑、话筒、耳机等，然后在直播声卡的面板上找到对应的设备连接孔，直播手机、电脑、话筒、耳机的连线插头分别插入直播声卡的“直播 1”“伴奏”“电容麦 1”“耳机”孔即可。

（4）电脑直播连接。

首先准备好直播电脑、话筒、耳机等，然后在直播声卡的面板上找到对应的设备连接孔，直播电脑、话筒、耳机的连线插头分别插入直播声卡的“5 V/1 A 电脑”“电容麦 1”“耳机”孔即可。

（5）手机投屏电脑直播连接。

首先准备好直播电脑、投屏手机、话筒、耳机等，然后在直播声卡面板上找到对应设备的连接孔，直播电脑、投屏手机、话筒、耳机的连线插头分别插入直播声卡的“5 V/1 A 电脑”“伴奏”“电容麦 1”“耳机”孔即可。

（6）音箱与声卡的连接。

其他直播设备与直播声卡的连接方式不变，把耳机替换成音箱，音箱的连线插头插入直播声卡的“耳机”孔即可。在直播过程中一定要注意话筒（麦克风）不要正对或靠近音箱，避免产生啸叫声进而影响直播效果。

（7）电脑连接声卡的设置。

在完成直播声卡与电脑的连接后，还需要在电脑的操作界面进行相应设置。首先右键单击电脑桌面右下角的“扬声器”图标，在弹出的对话框中选“播放设备”，在弹出的“声音”对话框中单击“播放”后出现“扬声器”，根据实际情况查看“属性”并进行配置；在“声音”对话框中单击“录制”后出现“麦克风”对话框，根据实际情况查看“属性”并进行配置；在配置这两个属性时，注意根据实际情况进行选择“播放”“禁用”。

3）直播硬件设备调节

（1）直播场所环境要求。

① 保持直播场所环境干净整洁与光线充足、均匀；

② 紧闭直播场所窗户，屏蔽直播场所外部噪声，拉上直播场所遮光窗帘；

③ 禁止无关人员出现在直播画面中。

（2）直播场所镜头设置。

① 清晰的直播画面：细微人物表情，均匀曝光，白平衡，对比度自然，合适的色调；

② 适当的人物比例：直播的整个人物位于画面中央，姿态端正，显示人物上半身，头顶在画面上方，脸部则在画面中上部，胸腰正好位于画面下方；

③ 正确的拍摄角度：以平行直播人物额头为基准控制摄像头从上往下拍摄画面高度，以摄像头不超过 30 度夹角为限斜对人物位置拍摄侧影；

④ 简洁的干净背景：直播人物着装与浅色调背景相融，无过白背景与杂乱物品；

⑤ 合理的设备调整：直播现场设备不影响直播效果，直播人物的嘴与话筒距离正好在不遮挡人脸的 20 ~ 30 cm 距离之间。

（3）直播场所灯光设置。

① 直播场所灯光搭配要求：根据直播场所实际情况与桌子位置来搭配，场所要明亮，保证在摄像头里的直播人员脸部与直播场所背景颜色美观；视频无阴影且光线平衡，操作上反向用光，即把灯光打在墙壁或反光板上，用反射光聚焦到直播人员脸部使光线柔和，画面无明显阴影与过度曝光。

② 直播场所灯具选择：选用可随意调节光冷暖与亮暗的白色 LED 吸顶灯做顶光，亮度适宜，置于直播场所中间顶部使光亮平衡；直播桌上选用 2 个 7 W 的 LED 台灯，以不直射摄像头和直播人员为宜，采用比背景光更亮的反向灯光来突出直播人员脸部肤色。

（4）直播场所背景设置。

直播场所背景必须与直播商品、出镜者相协调、统一，摆件干净整洁有序。无很大色差、无艳丽色块与大面积的白墙黑灰暗色系。

（5）直播场所音频设置。

直播场所背景音乐悦耳圆润，需要音频设备硬件与软件相互配合。麦克风需要注意声音采集范围与传输稳定，声卡则要求支持优质声音与方便搭建机架，支持聊天、主持、混响、喊麦等功能。

2. 软件相关知识

1）当前流行直播卖货软件

直播电商迅猛发展，成为未来电商发展的一种趋势。基于直播平台进行直播卖货的 APP 不少，目前流行的软件主要包括：

（1）淘宝直播：阿里巴巴淘宝平台孵化的直播平台，以“消费类直播”来定位，覆盖母婴、美妆、潮流搭配等。自 2016 年 3 月试运营以来，女性观众逐渐接近 80% 占据绝对主导地位，且最愿意在每天 20:00 ~ 22:00 下单。从初创试运营 Papi 酱 50 万人围观的拍卖活动，众多主播与 MCN 机构入驻，到 2023 年 8 月东方甄选已决定入驻淘宝直播，这意味着淘宝直播拥有非常大的很精准的购买带货流量，转化成交率相对较高。

（2）多多直播：拼多多开放给有带货能力或潜力合作方的一种营销工具。作为新型媒体应用，多多直播帮助用户实现网络在线视频直播点播、音频直播点播、视频与图片分享等，以提升合作方用户黏性和流量转化效率。

（3）抖音直播：由中国流行音乐视频社交平台抖音（TikTok）推出的直播电商功能。抖音用户通过用视频直播的形式，相互之间进行互动。数亿计的大量抖音用户更偏向于年轻化的群体，这些年轻化的用户群体大多居住在一、二线城市，他们具有更高的消费水平。

（4）快手直播：快手直播电商平台的主要粉丝群体集中在三线及其以下城市乡镇，追求较低商品价格，由北京快手科技有限公司操作运营的直播平台。快手直播拉流与推流的方式在开播流程上较简单易上手，设置了定时开播、断流自动关播的人性化功能；快手直播开通了投票、抽奖、发红包等与网友进行互动的方式，并且当主播无法亲自操作时可以利用托管方式进行协助操作。

（5）蘑菇街直播：作为一站式的女生消费网络购物平台，蘑菇街官方负责审核平台上展现商品的供应商资质与品质，为时尚的年轻人群提供美妆、配饰、箱包、衣服、鞋子等上万个款式且相对平价的潮流时新商品；多元化的平台主播人群分享时髦穿搭、当季新款潮流、值得购买物品与个性搭配技巧，引导女性来访者享受轻松的购物乐趣，让时尚触手可及。

（6）京东直播：由京东经营的“消费类直播”直播平台，以手机、电脑数码、家电、美妆、时尚、居家生活、食品等多细分品类、行业、场景为维度，基于“专业+电商”构建主播成长体系。

（7）小红书直播：是集购物与分享为一体的年轻人的生活方式平台，以“Inspire Lives 分享和发现世界的精彩”作为其使命，全球拥有用户超过 1.5 亿。汇集美妆穿搭教程、旅游攻略、美食健身、日常穿搭用品等，在小红书社区，用户使用图片文字与视频笔记的形式分享各种海淘经验心得，实现社区成员足不出户就可以知晓了解全球不同区域的时尚新潮。

（8）苏宁直播：2009 年苏宁云商集团股份有限公司上线了一个 B2C 网上购物平台——苏宁易购，经营商品涵盖传统家电、消费电子、百货、日用品、图书、虚拟商品等综合品类。

（9）海淘直播：2010 年一站式海外购物平台——洋码头成立，其把连接中国本土消费市场和全球零售市场作为业务专注点，致力于将中国消费者理念行为同步于全球各地丰富的优质商品和时尚潮流生活方式的消费文化理念。海外买手商家实时直播海外购物场景，自建覆盖欧、美、澳、日等 80 多国、拥有 17 大国际物流中心的官方国际物流体系，通过跨境直邮快速与安全的运输，向中国消费者提供正品保障、假一赔十的海外购物服务，使中国消费者足不出户就能安心享受海外原汁原味的正品和服务。

（10）得物：是新一代潮流社区，把潮流交易、商品鉴别、潮流生活社区聚集于一体。通过持续沉淀潮流话题内容来构建年轻人潮流生活社区，使其成为年轻用户的潮流风向标与潮流发声阵地；基于强中心化平台定位、深入全程把控管理与传统电商模式，增加商品真假鉴别和瑕疵查验服务；创设严格的商品上架标准、更公平的竞价交易机制、统一履约交付和尽心高效的客服沟通等流程体验。得物平台商品品类已经覆盖潮鞋、潮服潮搭、手表、配饰、潮玩、3C 数码、家居家电、美妆、汽车等，聚集了一大批热爱球鞋、潮品穿搭和潮流文化的爱好者，话题讨论集中在球鞋、潮牌、手办、街头文化、汽车腕表和时尚艺术等年轻人关注的热点话题。得物正在成为中国潮流文化发展的土壤。

2）当前流行直播卖货软件安装及使用

淘宝直播电脑版是一款简单实用的视频直播软件，该直播平台将阿里巴巴推出的淘宝定位于“消费类直播”，涵盖的范畴包括母婴、美妆等，用户可边看边买。目前平台的女性用户比例约为 80%，观看直播内容的移动用户超过千万。平台的主播数量超 1 000 人，每天直播场次近 500 场。

（1）淘宝直播电脑版 7.6.0 官方正式版的安装步骤。

第一步，下载最新安装包，按如图 2-2-4 所示的提示安装。

第二步，安装进程如图 2-2-5 所示，完成即可使用。

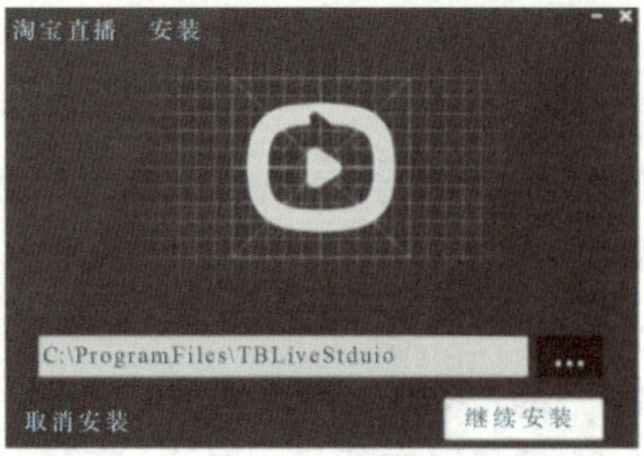

图 2-2-4　安装设置

图 2-2-5　安装进程

（2）淘宝直播电脑版的使用。

第一步，直播入驻如图 2-2-6 所示。

图 2-2-6　直播入驻

第二步，直播讲解如图 2-2-7 所示。

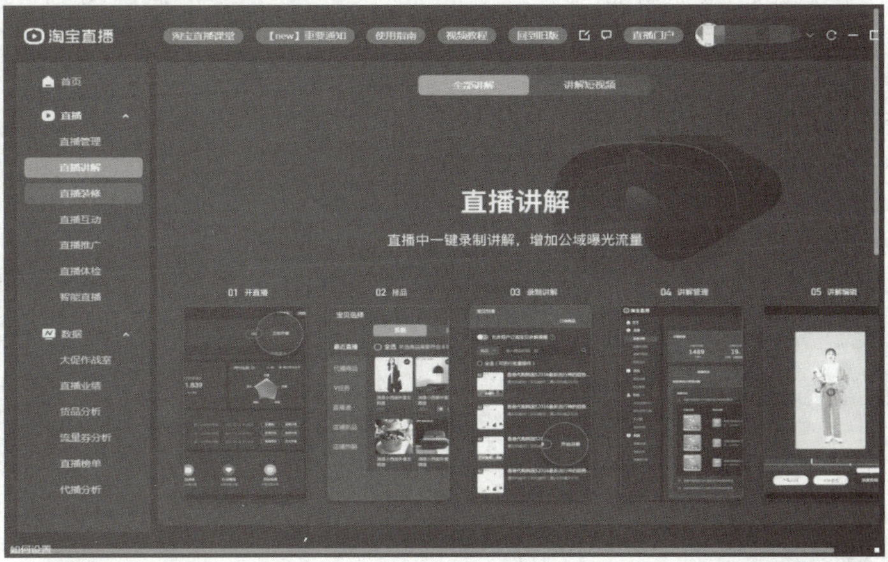

图 2-2-7　直播讲解

第三步，预售表现如图 2-2-8 所示。

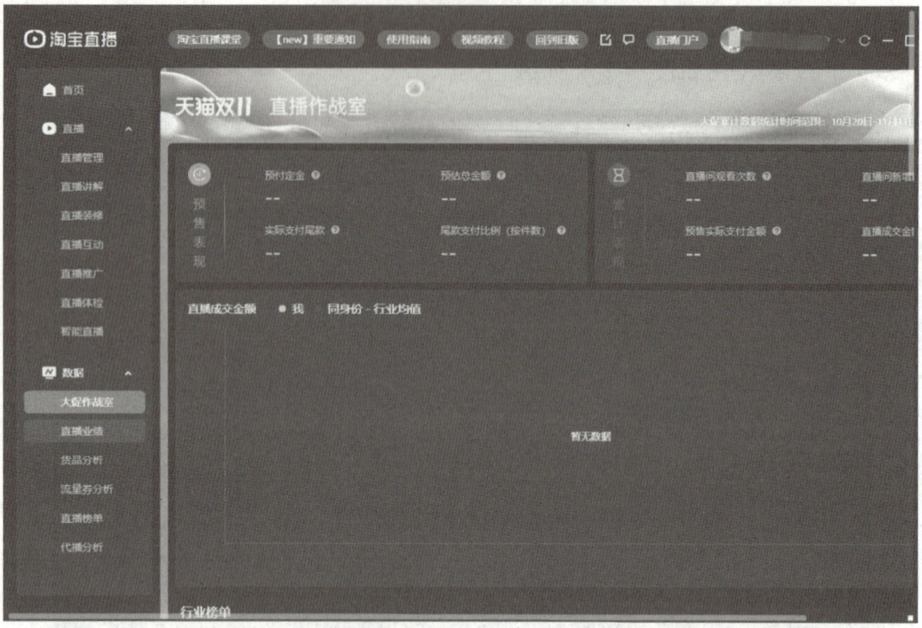

图 2-2-8　预售表现

第四步，货品分析如图 2-2-9 所示。

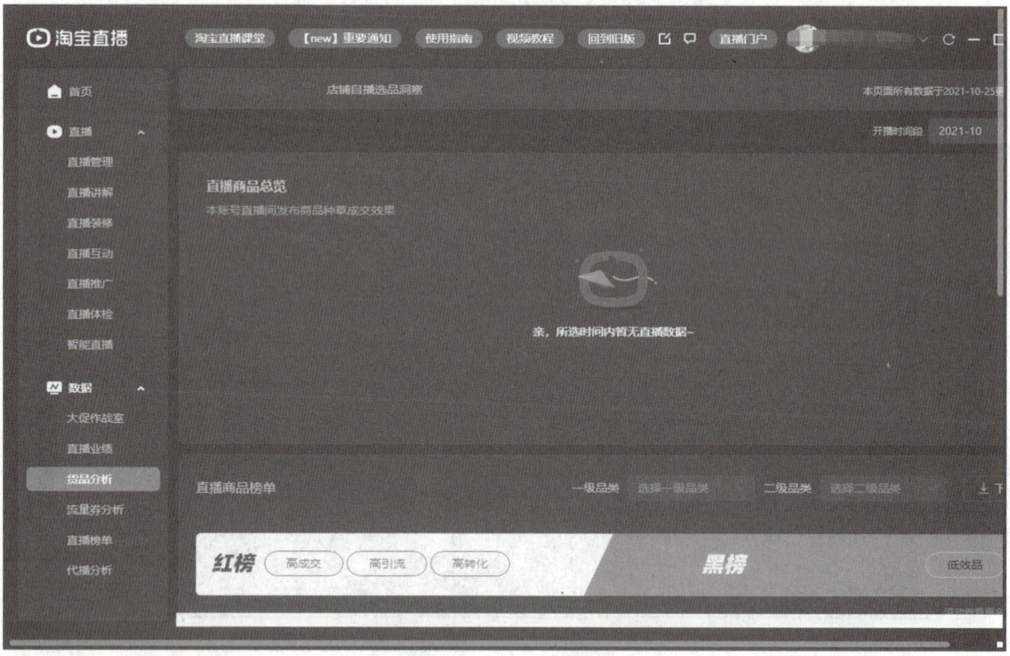

图 2-2-9　货品分析

第五步，直播互动如图 2-2-10 所示。

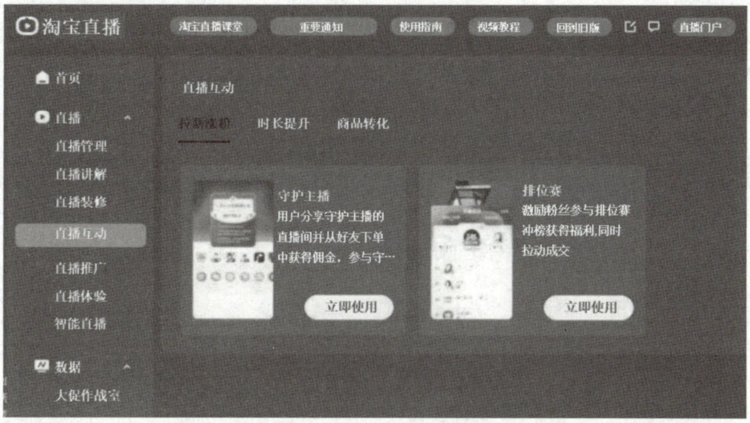

图 2-2-10　直播互动

第六步，直播体检如图 2-2-11 所示

图 2-2-11　直播体检

第七步，直播间装修如图 2-2-12 所示。

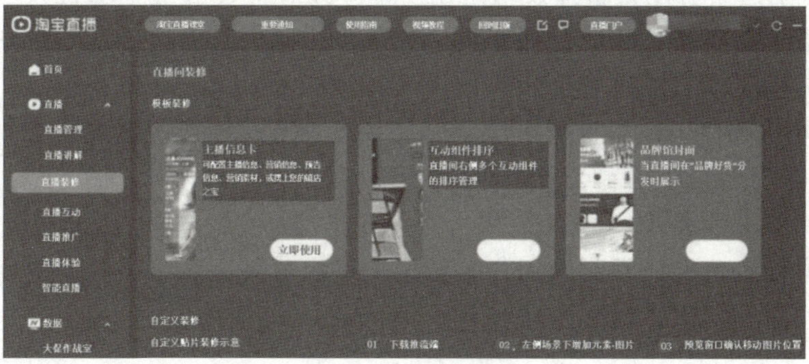

图 2-2-12　直播间装修

第八步，直播登录如图 2-2-13 所示。

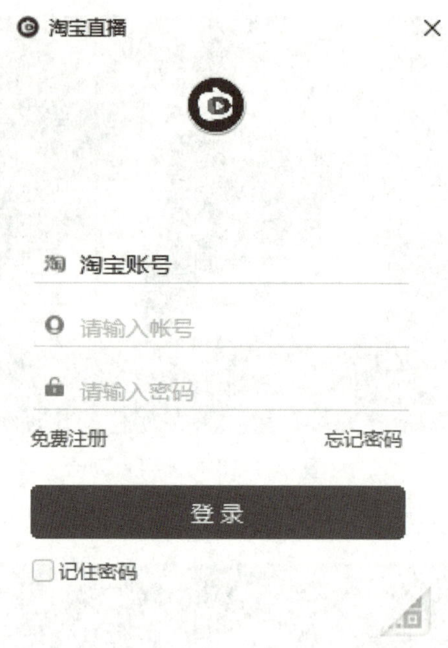

图 2-2-13　直播登录

3. 道具、场地选择

1）直播道具

在直播带货过程中，除精心准备直播设备和配置好直播软件外，配置适当的道具也能烘托直播氛围，创造更好的直播互动环境。道具最早来自舞台活动，指表演或拍摄电影时用的器具。直播道具指直播中展示商品及促进交易达成的器具物件，是整个直播展示与交易达成过程中观众直接感受的实体。直播道具不仅衬托、表现直播商品，也对展示与交易达成过程中的照明、品牌形象、引导指示等起着承载、表现的作用。直播道具可分为常用道具与特别道具，常用道具主要是展示板/小黑（白）板、计算器与秒表等，特别道具可以是直播发箍定制发卡（头饰品）、手举牌（视频互动氛围道具牌）或与直播带货商品关联的衬托器具。

（1）展示板/小黑（白）板。

展示板/小黑（白）板是直播中展示商品特点细节功能或提示促成交易的器具，如图 2-2-14 所示。

（2）计算器与秒表。

计算器与秒表是直播中引导用户（粉丝）算账与快速下单（营造购物紧迫感）的器具，分别如图 2-2-15、图 2-2-16 所示。

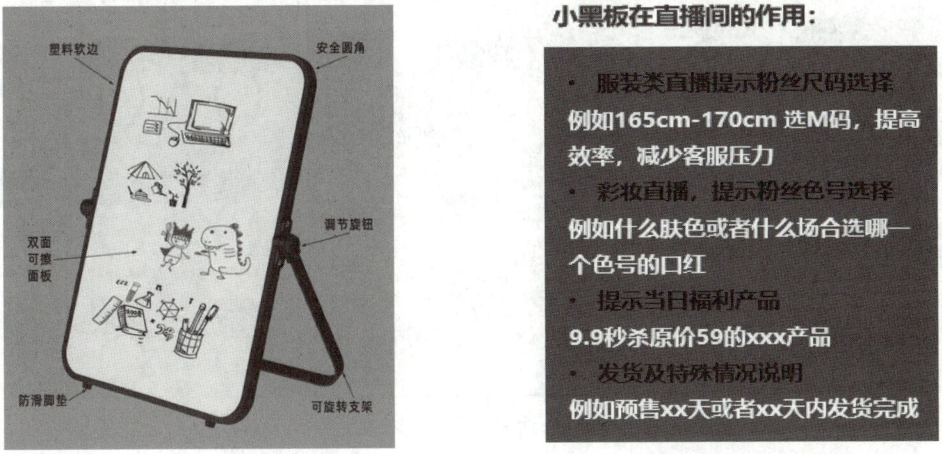

（a）外观　　　　（b）作用

图 2-2-14　展示板/小黑（白）板

图 2-2-15　计算器

图 2-2-16　秒表

（3）直播发箍定制发卡（头饰品）。

直播发箍定制发卡（头饰品）是直播中主播或助播等出镜者头发顶使用的招揽引导器具，如图 2-2-17 所示。

（4）直播间带货手举牌（视频互动氛围道具牌）。

直播间带货手举牌（视频互动氛围道具牌）是直播中主播或助播等出镜者为烘托场景氛围或促成交易及时用手托举的器具，如图 2-2-18 所示。

（5）直播带货商品关联的衬托器具。

直播带货商品关联的衬托器具是在直播间或直播场地布置的与直播主题商品关联的陈列衬托器具。如包包、化妆品、鞋子、房屋或空间装饰等道具，如图 2-2-19 所示。

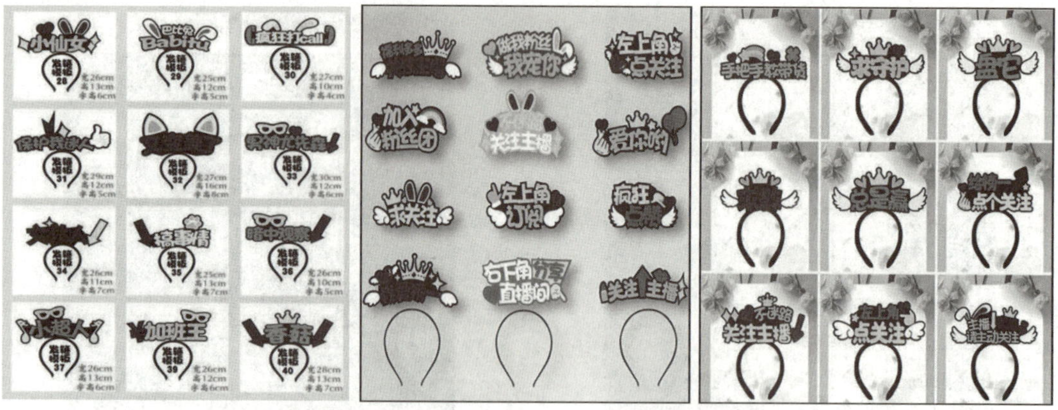

图 2-2-17　直播发箍定制

图 2-2-18　直播间带货手举牌（视频互动氛围道具牌）

图 2-2-19　直播带货商品关联的衬托器具

2）直播场地

直播场地可以按绿布类别和使用人数来区分。直播间初步陈设如图 2-2-20 所示。

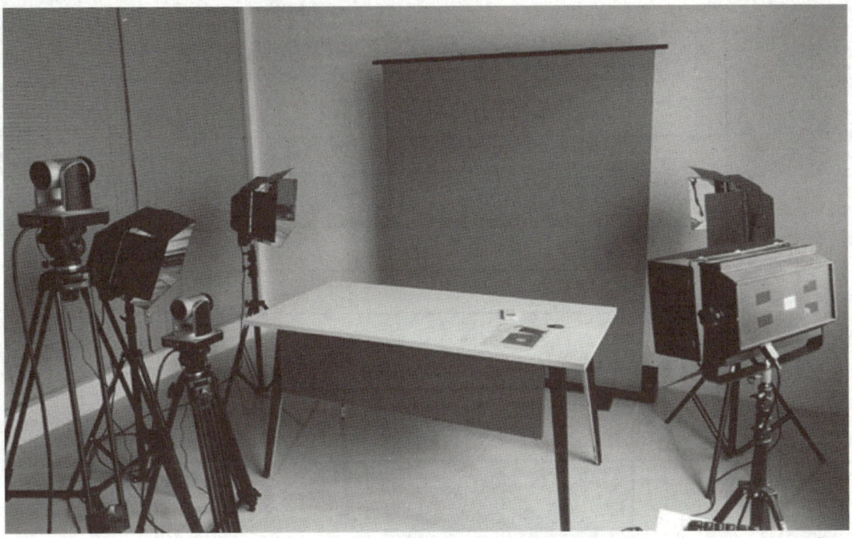

图 2-2-20 直播间初步陈设

（1）按绿布类别来区分。

① 厨具与美食类：一般为 4 ~ 6 m^2，基本设备包括大板桌、灯光、手机支架、手机、充电宝等，每个平方米 300 元；

② 美妆类：一般为 5 ~ 10 m^2，基本设备有展架、灯光、小展桌（不包括陈列商品）等，每个平方米 500 元；

③ 谈话打赏/单一商品：一般为 10 ~ 15 m^2，基本设备有直播桌椅、灯光、背景板等，每个平方米 200 元；

④ 服饰与穿搭类：一般为 15 ~ 20 m^2，基本设备有衣架、鞋架、灯光等，每个平方米 400 元。

（2）按使用人数来区分。

① 服装鞋帽与大件物品：现场 4 ~ 6 人；

② 美妆美食、电子商品与小件物品：现场 2 ~ 4 人。

（3）按场地布置来区分

美妆场地布置和服饰鞋帽场地布置分别如图 2-2-21（a）、（b）所示。

3）直播间（场地）功能区

为了增加直播观感与互动，提高观看体验，直播间（场地）应进行功能区划分。无论具体直播间（场地）怎么区别，均可区分为主播主推区域、商品展示区域、道具后台服务区域，用户看一眼就能明白直播带货主题属性。

主播主推区是突出直播节目的主要区域，包括主播的摄像区、屏幕设置、麦克风、背景、现场观众互动观看等区域，设置有舒适宽敞的座位、观看屏幕和舞台等。这个区域设计要突出主播形象和主题，便于主播展示、讲解商品。

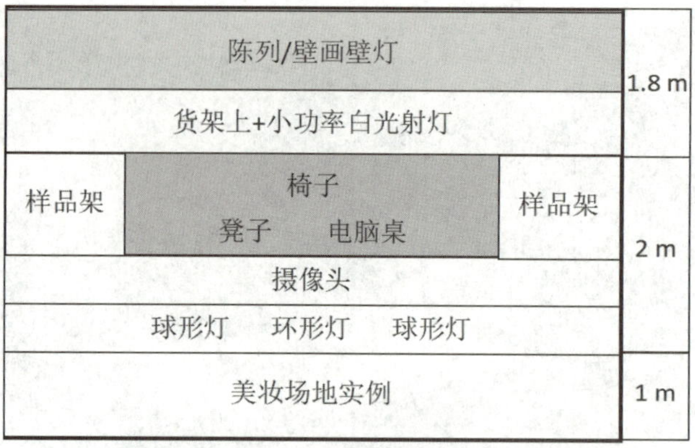

（a）美妆场地

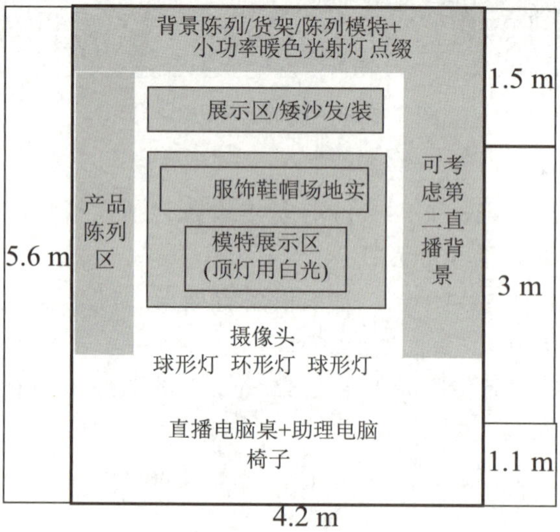

（b）服饰鞋帽场地

图 2-2-21　场地布置

商品展示区通过货架陈列、商品打堆头等方式向用户展示或推销商品，观众可在场地内进行试用或购买。不但能延长用户在直播间的停留时间，还有利于增加直播间的氛围感和用户的信任感。

道具后台服务区包括休息区、化妆间、储存间、设备间等，主要用于主播和工作人员休息、更换装备、储存资料等，以及用于增强品牌信任度、告知福利活动或者突出那些需要用户知道的信息，如运费险、信任背书、直播间里的活动形式等。如果采用手机直播方式，可将相关信息用 A4 纸打印并张贴出来；如果采用绿幕直播间，通常会让美工做成贴纸展示在直播背景上。

以上区域的设计和布置都非常重要，关系到直播节目的品质和效果。同时，还要根据实际情况和直播活动的需求进行设计和灵活调整。

4. 样品（道具）搭配

1）样品（道具）类型

直播电商过程中，最重要的是实现带货的现场—同场—互动的效应叠加，促进交易的达成，离不开样品（道具）的展示。样品（道具）可分为功能性样品（道具）、陈述性道具和表现性道具。

（1）功能性样品（道具）。

功能性样品（道具）体现了展品本身价值，满足展品陈列的基本需求是功能性道具的基本目的。依据展品陈列的要求，功能性道具可分为承载道具和储藏道具两种，如图 2-2-22 所示。

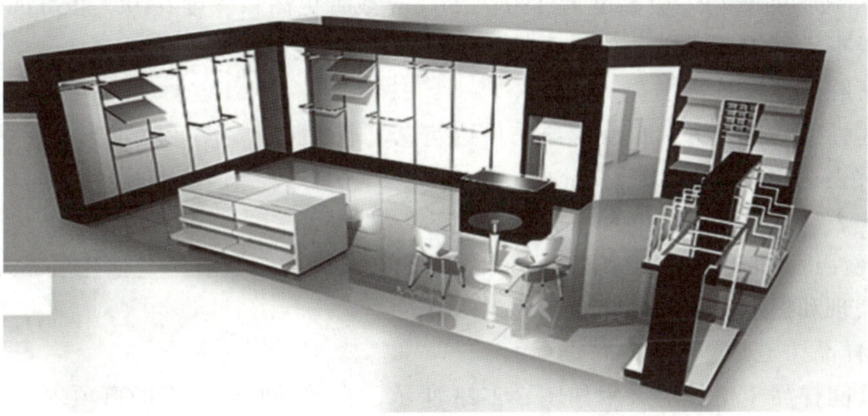

图 2-2-22　功能性样品（道具）

① 承载道具。

承载道具具有放、挂、悬、撑四个功能，承载的台具包括台面、平台、台阶、舞台，展品放置其上，供观者俯视观看。台的可塑性很大，根据展品的不同可以进行形状、大小、高矮、层次的变化，如方台、圆台、斜台、错落的台等。

承载的板以垂直于地面的状态体现，不仅具有承载图文信息和挂置展品之功能，更重要的是它能够起到引导空间、分割空间、塑造空间的作用。板的可塑性非常大，其形状、尺度可随着空间形态的变化而不断发生变化。

承载的架一方面是作为展台、展架的支撑架而出现，另一方面也是一种独立灵活的展示道具。承载的架不仅可以悬挂展品，同时还可以架构空间形态、塑造空间造型，以及承载灯光照明等器具的功能。承载的架可分为系列式展架、结构和组合的方式展架，其中可拆装的组合式展架包括管（杆）件与联结件相配合组成的多种拆装式、网架与联结件组成的拆装式、联结件加连展板的夹连系统、卷曲或伸缩的整体折叠系统，结构和组合方式展架包括脚手架式、插接式、沟槽卡簧式、球节螺母固定式。

② 储藏道具。

储藏道具的“储藏”即保护、存储之意，指不仅能充分展现展品，而且还具有存储展品、保护展品的功能。展柜是保护和突出重要展品的道具，通常包括立柜（靠墙陈设）、中心立柜（四面玻璃的中心柜）和桌柜（书桌式的平柜，上部附有水平或有坡度的玻璃罩）、壁柜和布景箱等。

a. 储藏的桌柜一般以封闭式为主，通常包括平面柜和斜面柜两种，其中斜面柜可分为单斜面柜和双斜面柜。单斜面柜通常靠墙放置，双斜面柜则放置在展厅中央。一般桌柜的尺寸：平面柜的高度为 105 ~ 120 cm，斜面柜总高度为 140 cm 左右；柜长为 120 ~ 140 cm；进深为 70 ~ 90 cm，柜内净高为 20 ~ 40 cm。

b. 储藏的立柜包括装配式高立柜和中心立柜。

c. 储藏的壁柜是指紧贴墙壁或嵌入墙壁的展柜。

d. 储藏的布景箱一般高度为 180 ~ 250 cm 或者更高，深度在 90 ~ 150 cm 以上，长度可根据实际需要确定。

（2）陈述性道具。

陈述性道具通过道具自身形象来传达信息，通常采用写实手法或形象手法来表现展品不宜表达的内容。

（3）表现性道具。

表现性道具的价值在于其极具艺术魅力的形象表现，其目的是强化展品外在形象价值、表现和揭示展品的内在含义。

2）样品（道具）展示

直播间样品（道具）展示如图 2-2-23 所示，在展示时应注意的事项主要包括：

图 2-2-23　样品（道具）展示

（1）商品摆放的视觉角度。直播场固定机位后，一定要注意实播时用户端手机内商品展现角度及实验时是否能展现，注意用户观看体验，避免出现互动区挡住商品的情况。

（2）呈现商品的高级感。借助质感的材料、工具或主播的亲身试用/穿，凸显商品的高级感。

（3）展现商品的递进性。从消费者心理学角度出发，先展示正品，再一件件展现赠品及福利来刺激消费者眼球。

（4）商品展现的全面性。主播身后要借助 KT 板、礼盒包装等道具，让助播举起让用户所见即所得的商品如面膜、纸巾等商品的正品+赠品等，然后全部贴到 KT 板上展现，价格机制要让用户能在视觉上清晰感知。

3）类目样品（道具）展现规范

（1）服饰箱包类目展现规则。模特上身可以更好地展示商品卖点，特别是塑身类商品，建议穿戴前后进行对比以展示胖瘦情况。

（2）食品生鲜类目展现规则。对可烹饪的食材，借助高级的餐具、水果盘等高级餐具来凸显商品的质感。

（3）美妆类目展现规则。主播或助播可通过质地、材料的亲身体验来演示其效果，以增加用户的直观视觉感受。

（4）个护家清类目展示规则。可利用陈列亚克力架将系列商品分层呈现，对能做试验的商品进行特征演示，如牙膏美白效果、姨妈巾吸水后干爽效果。

（5）珠宝手表类目展示规则。皮肤白皙的主播或助播通过佩戴珠宝、手表等来展示佩戴演示，珠宝首饰可用深色盒子、首饰架收纳衬托，不要随便摆甚至堆放在一起影响光泽感的展现。根据不同质地的材质打造不同的灯光来烘托珠宝的质感。

4）样品（道具）搭配要求

（1）场景与道具的整体性。

场景和道具的布置必须互相协调。道具与场景的颜色和形状应相互配合，形成良好的整体视觉效果。

（2）合理使用对比色和色彩。

使用对比色能够增加观看者的关注度，而恰当的色彩则能够为观众提供更清晰的信息，让观众更有代入感。

（3）道具的使用场景。

不同的道具适用的场景有所不同，调整场景和道具的搭配能够使画面更具有吸引力和代入感。

（4）创新的搭配方式。

在物品搭配过程中，积极引入创新元素，能够吸引观众的注意力，使观众对画面更加印象深刻。

5. 出镜者形象方案制定

1）直播出镜者形象类型

在直播过程中，由于参与直播活动的粉丝角色与群体的差别，出镜者的类别也是不同的，主要包括：

（1）娱乐出镜者，即为粉丝群体提供娱乐体验的出镜者。通常出镜者在直播平台上用歌舞曲艺等才艺与粉丝互动，以获得较多关注。出镜者的形象要求才艺和外形俱佳。

（2）游戏出镜者，指直播电子游戏过程体验的出镜者。此类出镜者不一定露面，着重要求出镜者有较高的内容制造与粉丝互动的能力。

（3）户外出镜者，是在室外或生产管理现场进行直播的出镜者。出镜者引导粉丝身临其境地感受野外探险、海边听潮赶海、山川人文旅游等，能与粉丝交流互动，引导粉丝独立思考、自由发表观看意见。出镜者的形象要与户外所处环境与人文要素相匹配。

（4）带货出镜者，是在特定风格场景中，既介绍、展示直播商品，又引导直播观众下单购买已上架的商品或跳转到相应网店页面的商品的出镜者。出镜者既要在商品展示、带货技巧、口语表达、表情表露、肢体动作、角色表达等方面有出色的表现，实现"带节奏"的目的，又要求出镜者形象、音容笑貌与粉丝期盼、商品品牌相符。

2）直播出镜者形象方案

（1）塑造出镜者人设。

人设（人物设定的简称）是出镜者按照其个人职业发展愿景规划与商品市场规律、粉丝消费偏好塑造出来的特定形象，这个形象能迅速在粉丝脑海中形成既定的标签，促成粉丝关注出镜者。塑造出镜者人设的方法主要包括：

① 从人设凸显、个性特征、高人气、喜粉丝、显精华等角度塑造出镜者直播账号昵称、简介和主播素材；

② 从出镜者人设类型、定位、标签维度去明确细分领域；

③ 明确人设定位；

④ 拟定合适名字；

⑤ 塑造良好形象；

⑥ 给自己贴标签；

⑦ 正确选品；

⑧ 多渠道渲染人设。

（2）管理出镜者形象。

出镜者形象是其言谈举止、容貌气质、性格特点的总和，包括妆容、穿搭、配饰、背景等，由细节与整体风格呈现，使人感觉合适舒畅。

① 出镜者形象管理原则：以直播定位为基础；与直播间统一风格；遵守直播间规则和规范。

② 出镜者妆容打造原则：可以适度开启美颜功能；选择清新简约风格的妆容；避免选择过于夸张的妆容，应选择突出自己特点、适合直播风格的妆容。

③ 直播主播发型的设计：根据圆形脸、三角形脸（正三角形脸和倒三角形脸）、方形脸、长形脸、椭圆形脸、菱形脸等自身特点进行个性化发型修饰。

④ 主播着装的颜色搭配：同类色搭配（深浅、明暗不同的两种同一类颜色相配），如青色配天蓝色、墨绿色配浅绿色、咖啡色配米色、深红色配浅红色；近似色搭配（两种比较接近的颜色相配），如红色与橙红色或紫红色相配、黄色与草绿色或橙黄色相配；

强烈对比颜色搭配(两种相隔较远的颜色相配),如黑色、白色、红色与其他颜色搭配;补色搭配(两种相对的颜色相配),如红色与绿色、青色与橙色、黑色与白色等搭配;黑白搭配是永远的经典,庄重大气。

(3)培养出镜者镜头感。

主播的镜头感主要体现在表情是否生动、自然,眼神是否能够感受到镜头的位置,是否能够与观众产生互动,以及展示商品时的一些肢体语言和形象是否被镜头以最佳的角度记录。

主播的对象感是指主播应当设想和感觉到对象的存在和对象的反应,要从感觉上意识到对象的心理、要求、愿望和情绪等,并由此调动自己的思想感情,进而表情达意,传达直播节目的精神实质;表演感是一种适度的表演,应与本人和直播节目融为一体;新鲜感就是让观众鲜明地感觉到主播所描述的内容以及他们所关心或感兴趣的内容,从而吸引观众的注意力并受到感染。

培养和提高镜头感的方法包括镜子练习、目光技巧练习、巧用道具练习、设置背景练习、与观众互动练习,勤练习与多直播。

(4)构建出镜画面。

直播画面的呈现效果对主播的形象影响很大。直播画面构建不合理,就会破坏主播的镜头形象。如灯光不合理会造成画面模糊,观众难以看清主播的良好形象,会影响观众的观看体验,直播的效果难以得到保证。

(二)设备、工具准备

为了准备直播电商设备、软件与材料,每个工作团队(小组)需要向直播电商店家(公司)内物业(品)工作人员提供借用工具清单,如表 2-2-1 所示。

表 2-2-1　直播电商设备、软件与材料任务借用工具清单

序号	名称(型号、规格)	数量	借出时间	学生签名	归还时间	学生签名	管理员签名
1							
2							
3							
4							

(三)材料准备

为了准备直播电商设备、软件与材料,每个工作团队(小组)需要向直播电商店家(公司)内物业(品)工作人员提供领用材料清单,如表 2-2-2 所示。

表 2-2-2　任务领用材料清单

序号	名称（型号、规格）	数量	借出时间	学生签名	归还时间	学生签名	管理员签名
1							
2							
3							
4							

（四）团队（小组）方案

按销售服务内容，将学生分为若干个团队（小组），每个团队（小组）根据工位要求由 3~5 人组成，指定 1 人为团队（小组）长、2 人为材料管理员，材料管理员负责材料领取分发，团队（小组）长负责组织本组相关任务的计划、讨论汇总及实施，填写本团队（小组）成员工作任务实施过程中的相关记录表。

二、制订工作计划

（一）拟订任务安排

1. 任务下达

2. 任务目的与描述

3. 任务完成条件

4. 任务过程（完成流程）

5. 阶段任务成果

6. 任务完成成果

（二）任务工单

直播电商设备、软件与材料准备任务工单如表 2-2-3 所示。

表 2-2-3　直播电商设备、软件与材料准备任务工单

任务名称				任务用时		直播室号（工区）	
组　别		组长		指导教师		指导师傅	
任务人姓名		任务年月		团队成绩		个人成绩	
任务设备				任务场所		完成时长	
任务描述							
任务要求							
实施记录							
任务结论							
任务检查		组长检查		教师检查		师傅检查	

三、任务实施

（一）任务内容

1. 硬件安装调试

（1）如何正确识别直播设备？

（2）如何联接直播设备？

（3）怎样调试直播设备？

2. 软件下载安装

（1）当前典型直播软件有哪些？

（2）典型直播如何下载安装？

3. 道具、场地选择

（1）直播道具如何区分？

（2）直播场地有哪些类型？

（3）直播场地内部有哪些分区？

4. 样品（道具）搭配

（1）样品（道具）搭配有哪些类型？

（2）样品（道具）搭配有哪些方法？

5. 出镜者形象方案制定

（1）直播出镜者形象类型有哪些？

（2）直播出镜者形象要素有哪些？

（3）如何制定直播出镜者形象方案？

（二）工作任务实施

1. 工作展开

（1）查找资料：进入抖音、淘宝平台，各选 2-3 个大小不同风格各异的儿童服装类目的推荐直播间，观察并记录直播间场地大小、使用硬件设备、展示的产品及道具、直播背景与灯光、出镜者（主播助播等）形象等信息。

（2）思考讨论：结合嘉懿家里的儿童服装这个类目，给出嘉懿家进行直播的设备、软件、材料与出镜者形象的选择准备。

（3）总结评价：形成任务实施结论。

2. 工作记录

（1）任务布置（3 min）。

各团队（小组）长根据任务内容分配团队成员任务。

（2）资料搜集（10 ~ 15 min）。

各团队成员独立完成信息、资料的搜集和整理。

（3）小组讨论（7 min）。

汇总各成员搜集的资料，讨论形成初步结论。

（4）总结评价（3 min）。

团队（小组）长汇总形成小组最终结论。

3. 实施注意事项

（1）注意安全用电和各相关设施设备的正确与合理使用。

（2）合理适当选配直播硬件设备。

（3）正确下载安装适当的直播软件。

（4）道具选用经济合理，场地利用有效。

（5）样品道具搭配充分有效。

（6）直播出镜者形象方案真实且执行得力。

四、任务评价

（一）成果展示

1. 各团队（小组）派代表展示任务成果

2. 其他团队（小组）提出的改进建议

（二）评估总结

1. 学生自我评估与总结

2. 团队自我评估与总结

3. 教师指导评估与总结

4. 师傅指导评估与总结

（三）团队对工作岗位“6S”处理

在团队（小组）和教师都完成工作任务总结以后，各团队（小组）必须对自己的工作岗位进行“整理、整顿、清扫、清洁、安全、素养”检查与要求；归还所借的工量具、场景道具和模拟工件。

（四）评价表

直播电商设备、软件与材料准备任务完成情况评价如表 2-2-4 所示。

表 2-2-4 直播电商设备、软件与材料准备任务完成情况评价表

班级：________ 团队（小组）：________ 姓名：________								
指导教师：________ 带岗师傅：________ 日　　期：________ 日　　期：________								
评价项目	评价标准	评价依据	评价方式				权重	得分小计
			学生自评（20%）	团队自评（30%）	教师导评（20%）	师傅导评（30%）		
职业素养	（1）遵守规章制度、劳动纪律； （2）按时按质完成工作任务； （3）积极主动承担工作任务，勤学好问； （4）保证人身安全与设备安全； （5）工作岗位“6S”完成情况	（1）出勤； （2）工作态度； （3）劳动纪律； （4）团队协作精神					0.3	
专业能力	（1）熟悉直播电商设备、软件和材料准备相关知识； （2）能正确进行硬件安装调试、软件下载安装、道具场地选择与样品（道具）搭配； （3）能正确进行样品搜集搭配，制订出镜者形象方案	（1）操作的准确性和规范性； （2）工作页或任务实施总结完成情况； （3）专业技能任务完成情况					0.5	
创新能力	（1）在任务完成过程中能提出有一定见解的方案； （2）在教学或生产管理上提出建议，具有创新性	（1）方案的可行性及意义； （2）建议的可行性					0.2	
合计								

任务三 直播电商风险评估

任务描述

嘉懿观看某主播直播，该主播以“我爸说了，只要你娶了我，后面所有的船都是你的”“1 块，就 1 块，一箱只赚你 1 块钱”等言辞推销舟山梭子蟹。经市场监管部门核实，该主播只负责为市场商户带货，赚取佣金。直播三天销售额 4.3 万元，利润远不止 1 元/箱。该主播在直播时以虚假内容欺骗消费者，构成虚假宣传，市场监管部门对其开出处罚告知单并罚款 4 万元。嘉懿清楚严格遵守直播相关法规有多么重要，可该如何去应对直播中的问题呢？

在直播工作准备中，不仅要注意做好直播电商宣传和设备、软件、材料的准备，同时也要注意发现与预防相关环节中的不确定性，即风险。直播过程中断网、断电风险，营销过程中法律法规风险和团队协作风险等。作为初级直播电商工作者，一方面需要正确理解认识这些不确定性，另一方面要制定这些风险的应对措施。

任务要求

初级直播电商工作者要认识、理解、熟悉与掌握直播电商风险，并能进行风险识别评估，其任务包括：

（1）能提出断网、断电等简单故障解决方法。

（2）能判断营销过程中法律法规风险方法。

（3）能掌握团队协作风险的预判方法。

（4）能制订风险应对计划。

任务目标

1. 知识目标

（1）学习掌握断网与断电等简单故障的解决方法。

（2）学习掌握营销过程中法律法规风险判断方法。

（3）学习掌握团队协作风险预判方法并制订风险应对计划。

2. 技能目标

（1）能解决断网与断电等简单故障。

（2）能判断营销过程中法律法规与团队协作等风险。

（3）能制定并执行风险应对计划。

3. 素养目标

（1）养成事前充分准备的良好习惯。

（2）形成诚信服务客户的理念。

（3）形成识别直播电商风险、果断应对风险的理念。

一、任务准备

（一）相关理论知识

1. 断网、断电等故障分析

1）断网断电的原因

停电恢复供电后网络没有恢复，一般是路由器、光猫、楼道（楼栋机房）的电信设备出现故障或者未能正常启动导致的。

（1）网络设备损坏。

停电可能损坏路由器、交换机等网络设备。

（2）网络服务故障。

停电后，网络服务可能出现故障，导致网络无法正常运行。

（3）网络设备未正常启动。

网络设备的启动时间不完全一致，停电可能导致某一设备暂时不能正常启动的情况。

网络连接是由多个设备构成的，主要包括入户的光设备和光纤、光猫、路由器三大部分，都需要电力保障。一旦断电后恢复供电，设备自动启动，一般情况下恢复供电 1 分钟后网络恢复正常，运营商的公用设备一般会安装备用电源，基本不会断电。但是，断电或者恢复供电时一般会产生浪涌电压，导致光猫或者路由器等网络设备损坏，这种情况就需要更换已损坏的设备。

2）断网断电的故障排查

断网断电通常可按如下步骤排查，以定位故障并进行维修。

（1）若全部电脑网络都出现异常，首先判断网络主路由是否正常。路由器正常运行时网口灯会快速闪烁，比较容易判断。在路由器的说明书上也能找到路由器是否工作正常的判断方法。若主路由还接了下级交换机，那么还需要判断交换机是否正常工作。

（2）检查光猫是否正常工作。检查方法可参照说明书，或者咨询网络运营商。

（3）若路由器、交换机和光猫正常工作，可以确定网络运营商的网络设备或者线路存在问题，联系网络运营商解决问题。

3）断网断电的解决方法

根据断网、断电的故障分析，可以采用以下方法来解决问题。

（1）检查网络设备：检查路由器、光猫等网络设备是否损坏，如果有损坏则更换或修理网络设备。

（2）重启网络设备：尝试重启路由器、光猫等网络设备，有时可以解决网络故障。

（3）检查网络连接：确保网络设备连接正确，如电缆、光纤是否插好，连接的端口是否正确。

（4）联系网络服务提供商：如果以上方法均无法解决问题，可以联系网络服务提供商进行线上咨询服务或要求上门维修服务。

（5）使用移动网络：如果需要紧急上网，可以使用移动网络（如 4G/5G）进行上网，但需要注意流量费用。

4）断网断电应急预案措施

（1）制订直播断网断电应急预案。

明确此类故障解决的责任部门和相关负责人员，明确部门和人员的责任划分，确保能够及时实施预案。

一旦发生紧急情况，应急响应组的成员就需要按照应急响应流程进行操作，并采取相应应急措施。以确保直播过程顺利进行。

在应急预案实施后，需要进行评估和改进，总结应急响应的经验和教训，及时更新应急预案内容，提高应急响应的效率和准确性。

（2）预防直播断网断电的应急措施。

保网供电设备的准备；应急直播设备的准备；断网断电故障手册的准备；平台或服务器类故障的应急措施。

5）网络故障排除预案

网络故障是直播中的常见问题，会对直播观感与粉丝效应产生严重影响。所以在开播前应制订相关应急预案。

（1）稳定网络环境。

在选择直播场所时优先考虑是否具有稳定的网络直播环境。直播场地的网络指标包括网络稳定性、峰值带宽、网络速度、网络连接等。

（2）网络突发故障。

网络故障对正在进行的直播活动会造成严重影响。因此，面对突发网络故障应启用备选方案，即使用预先准备的备用网络与设备，并快速排除故障，保证直播正常进行。

（3）网络故障巡检机制。

网络故障巡检机制是网络直播相关人员针对网络运行情况进行的例行检查，即检查网络设备与网络工作情况、网络控制、存储记录等，开通网络故障巡检机制是预防网络故障的基本要求，是排除网络故障、总结经验教训的基础，必须高度重视。

2. 营销过程中法律法规风险判断

1）直播电商的相关法律法规

直播电商活动必须遵守电子商务活动领域的相关法律法规，包括《中华人民共和国电子商务法》《中华人民共和国广告法》《中华人民共和国消费者权益保护法》《互联网信息服务管理办法》《电子支付管理办法》等。

2）直播电商各岗位常见法律风险

（1）商务岗常见法律风险：消极怠工；虚假报销；费用超支；收受好处；利用职务之便吃公司利差；泄露客户信息和资料；泄露公司战略、营销计划。

（2）主播岗常见法律风险：开播使用违禁词，虚假宣传。

（3）投放岗常见法律风险：不按照客户要求随意进行投放；私自利用职务之便谋取品牌方的优惠政策用于私利。

3）直播电商常见法规风险

（1）虚假宣传。

根据《中华人民共和国广告法》的规定，对商品进行夸大、捏造效果等，以欺骗、引诱消费者购买商品的广告构成虚假广告。

主播以广告代言人或广告经营者的身份，在进行直播带货的过程中，为完成广告主的业绩要求，或是为提高商品的销量，可能会对商品的描述加以主观的渲染、夸大商品效果来引起消费者的购买欲望，这种行为违反《中华人民共和国广告法》，构成虚假宣传，需要承担相应责任。

与线下销售相比，直播带货中虚假宣传风险多发，其原因在于两者的销售模式有很大的不同。在直播带货中，消费者对于商品的了解基本上来自主播对于商品的单方面描述，难以辨别真假，这也就出现了较高的风险空间。尤其在直播的初期阶段，主播因自身流量的扶持力度不明显，往往会突破法律底线，过分夸大商品的功效，造成虚假宣传误导消费者。

（2）不正当有奖销售。

在直播发展的后期，可能会有部分主播积聚流量成为“一哥”“一姐”，他们作为流量时代的佼佼者，拥有着电商直播中的绝对话语权，这些头部主播凭借着层出不穷的营销推广策略和充分的消费者黏性，让与之合作的品牌商也不得不让渡部分商品议价权，以高价佣金的方式以求占领头部主播带货列表的一席之位，而处于中下部的电商主播长期不能得到品牌商的有效支持，市场积聚效应明显。在积聚的恶性循环下，头部主播可能会利用自己的优势光环加筑壁垒，附加不规范的交易条件，暗箱操作实施隐形交易，实现对销售渠道、流量的绝对把控，达到限制竞争、排除他人市场地位的目的，触犯《中华人民共和国反垄断法》第二十二条的规定。

（3）纵向垄断协议。

如若头部主播间通过协议约定细分品类、市场份额，固定直播销售的商品价格或者限制商品数量，还可能构成垄断协议从而触犯《中华人民共和国反垄断法》的第十七条规定。

（4）商业诋毁。

主播为独占市场竞争地位，可能会编造、传播虚假信息或者误导性信息，作出损害竞争对手的商业信誉、商品声誉的行为，造成对其他主播的商业诋毁，触犯《中华人民共和国反不正当竞争法》第十一条，既可能构成民法上的商誉侵权行为，承担民事责任，也可能同时承担行政责任。

3. 团队协作风险预判

团队协作是直播电商活动的重要形式，是提高直播行业综合素质与影响力的重要途径。但在协同任务中因个体差异容易产生矛盾，严重降低协作效率，阻碍团队发展和降低整体价值。

1）直播团队协作风险

（1）人员分配不合理。

在直播团队成员中，有些成员的技能与直播工作要求不匹配，导致任务进度缓慢，工作效率低下；而另一些成员的才华又被低估，导致个人成就感下降。无论哪种情况，都会导致团队士气下降，工作效率降低。

（2）缺乏沟通和交流。

团队中每个人拥有不同的思想、观点和工作方式等，若没有恰当的沟通和交流，就会出现矛盾和冲突。在问题不断涌现的团队合作过程中，成员之间的交流会让大家能够协调团队目标，规划任务优先级和明确责任范围，同时建立信任和理解。

（3）缺乏有效领导。

领导是团队达成目标的引领者和组织者，如果领导无法调节和控制团队内部的矛盾和冲突，就会影响团队协作效果。团队领导者面临的挑战是如何成为一个能够激发团队成员潜力、认真倾听团队成员意见并支持他们发展的人。

（4）缺少透明的责任分配。

在团队合作中，每个人都有自己的任务和职责，但在许多情况下任务和职责分配得不够清晰明确。这样会导致任务进度出现滞后，也会让成员产生负面情绪和感官上的不满意，进而引起更大问题。

（5）忽视团队成员的个性差异。

团队是由不同个体构成的，拥有不同性格、关注点、偏好和思想方式。如果团队成员不能各尽其才，他们的创造力可能会被限制，团队的成功就会失去很多可能性。

2）团队协作风险应对措施

（1）人员分配合理化。

构建一个高效团队，首先要科学配置团队成员，合理分配团队成员的岗位职责和工作范围，赋予团队领导者更多的选择权，以提高团队协作质量和完成度，确保团队整体执行力的最大化。

（2）确保团队有效沟通。

沟通是团队相互合作的先决条件，确保团队内部信息的清晰和透明。在团队协作直播进程中，需要团队成员互相交流，了解工作进度，分享个人看法，避免产生误解，增强团队成员的信任度和互助精神。

（3）建立明确的领导理念和风格。

领导者应能及时判断和预见潜在的冲突，并通过制订合适的制度来保障团队协作与进展。作为团队领导者，必须明白团队的核心理念和工作规律，以开放的心态充分了解团队成员的需求和想法。通过这些工作，领导者可以成为建立信任和文化的重要供给者。

（4）明晰的责任和任务分配。

责任和任务分配也是团队工作的重要内容之一，在整个直播中要把人员职责和任务分配得尽量明晰，防止出现责任不明情况。通过透明的任务分派，避免后续任务不明确和职责混淆，让团队成员清楚自己工作职责，促使团队成员更好地发挥个人能力。

（5）借助多样的团队化解冲突。

多样的团队是取得成功的关键，即使成员的个性和看法不同，也会利用多样的集成而合作成功。在团队中，成员之间可借助合理化的措施规避冲突或解决冲突，并能借助协同和参与化的工作流程，提升成员积极性，保障品质，提升企业价值。

4. 风险应对计划的制订

1）选品合规

主播及 MCN 机构在前期选品时要严格把关。在与广告主订立合同前，首先要对供应商进行资格审查，要求商家提供并核实供应商的身份、地址、联系方式、营业执照、生产许可证等相关信息。其次，对商品的信息进行全面审查，包括但不限于查验商品的价格、产地、生产者信息、质量、性能、用途、有效期限、规格、检验合格证明、使用说明书等信息是否与资质材料相一致，避免出现带货商品是“三无商品”、质量不合格商品等情况。对于关系消费者生命健康的商品（如药品、保健食品、特殊医学用途配方食品、医疗器械等）要予以严格审查，对消费者尽到安全保障义务。

2）协议合规

主播与品牌商签订合约时，谨慎处理与品牌之间的“最低价协议”“全网最低价”“保价条款”或者以其他不合理手段排除、限制市场竞争，实施垄断行为，扰乱市场秩序。

3）营销内容合规

主播在直播带货活动中应当根据相关规定严格规范自身行为，不得违反法律法规、平台协议、规则及政策，遵守承诺清单（即直播内容负面清单）。

（二）设备、工具准备

为完成直播电商风险评估工作任务，每个工作团队（小组）需要向直播电商店家（公司）内物业（品）工作人员提供借用工具清单，如表 2-3-1 所示。

表 2-3-1　直播电商风险评估任务借用工具清单

序号	名称（型号、规格）	数量	借出时间	学生签名	归还时间	学生签名	管理员签名
1							
2							
3							
4							

（三）材料准备

为完成直播电商风险评估工作任务，每个工作团队（小组）需要向直播电商店家（公司）内物业（品）工作人员提供领用材料清单，如表 2-3-2 所示。

表 2-3-2　任务领用材料清单

序号	名称（型号、规格）	数量	借出时间	学生签名	归还时间	学生签名	管理员签名
1							
2							
3							
4							

（四）团队（小组）方案

按销售服务内容，将学生分为若干个团队（小组），每个团队（小组）根据工位要求由 3 ~ 5 人组成，指定 1 人为团队（小组）长、2 人为材料管理员，材料管理员负责材料领取分发，团队（小组）长负责组织本组相关任务的计划、讨论汇总及实施，填写本团队（小组）成员工作任务实施过程中的相关记录表。

二、制订工作计划

（一）拟订任务安排

1. 任务下达

2. 任务目的与描述

3. 任务完成条件

4. 任务过程（完成流程）

5. 阶段任务成果

6. 任务完成成果

（二）任务工单

任务工单如表 2-3-3 所示。

表 2-3-3 直播电商风险评估任务工单

<table>
<tr><td>任务名称</td><td colspan="3"></td><td>任务用时</td><td></td><td>直播室号（工区）</td><td></td></tr>
<tr><td>组　别</td><td></td><td>组长</td><td></td><td>指导教师</td><td></td><td>指导师傅</td><td></td></tr>
<tr><td>任务人姓名</td><td></td><td>任务年月</td><td></td><td>团队成绩</td><td></td><td>个人成绩</td><td></td></tr>
<tr><td>任务设备</td><td colspan="3"></td><td>任务场所</td><td></td><td>完成时长</td><td></td></tr>
<tr><td>任务描述</td><td colspan="7"></td></tr>
<tr><td>任务要求</td><td colspan="7"></td></tr>
<tr><td>实施记录</td><td colspan="7"></td></tr>
<tr><td>任务结论</td><td colspan="7"></td></tr>
<tr><td>任务检查</td><td></td><td>组长检查</td><td></td><td>教师检查</td><td></td><td>师傅检查</td><td></td></tr>
</table>

三、任务实施

（一）任务内容

1. 断网、断电等故障解决

（1）简介断网断电的原因。

（2）简介断网断电的解决方法。

（3）简介断网断电应急预案措施。

（4）简介网络故障排除预案。

2. 营销过程中法律法规风险判断

（1）简介直播电商各岗位常见法律风险。

（2）简介直播电商常见合规风险。

3. 团队协作风险预判

（1）简介直播团队协作风险。

（2）如何应对团队协作风险？

4. 直播电商应如何制订风险应对计划？

（二）工作任务实施

1. 工作展开

（1）查找资料：在开始工作前，需要对直播电商风险的相关文献进行搜集和整理。这包括了解直播时断网断电故障的发生原因与解决方案、营销过程中法律法规风险判断以及团队协作风险预判，同时学习风险应对计划制定。特别注意关注搜集直播中相关的数据与统计信息，以便更好地理解与化解直播电商的风险。

（2）学习抖音“大V”团队应急预案：通过网络平台搜集抖音等直播平台的“大V”团队对于紧急情况如何解决，如何制定应急预案。

（3）有哪些直播间被有关部门处罚，原因是什么？

2. 工作记录

（1）任务布置（3 min）。

各团队（小组）长根据任务内容分配团队成员任务。

（2）资料搜集（10 ~ 15 min）。

各团队成员独立完成信息、资料的搜集和整理

（3）小组讨论（7 min）。

汇总各成员搜集的资料，讨论形成初步结论。

（4）总结评价（3 min）。

团队（小组）长汇总形成小组最终结论。

3. 实施注意事项

（1）注意安全用电和各相关设施设备的正确与合理使用。

（2）准确确定断网断电的原因。

（3）应对断网断电的方案科学合理并且经济。

（4）清楚认识营销中的法律法规风险。

（5）正确评估团队协作风险。

（6）风险应对方案可行且执行得力。

四、任务评价

（一）成果展示

1. 各团队（小组）派代表展示任务成果

2. 其他团队（小组）提出的改进建议

（二）评估总结

1. 学生自我评估与总结

2. 团队自我评估与总结

3. 教师指导评估与总结

4. 师傅指导评估与总结

（三）团队对工作岗位“6S”处理

在团队（小组）和教师都完成工作任务总结以后，各团队（小组）必须对自己的工作岗位进行“整理、整顿、清扫、清洁、安全、素养”检查；归还所借的工量具、场景道具和模拟工件。

（四）评价表

直播电商风险评估任务完成情况评价如表 2-3-4 所示。

表 2-3-4　直播电商风险评估任务完成情况评价表

<table>
<tr><td colspan="9">班级：________________
团队（小组）：________________
姓名：________________</td></tr>
<tr><td colspan="9">指导教师：____________　带岗师傅：____________
日　　期：____________　日　　期：____________</td></tr>
<tr><td rowspan="2">评价项目</td><td rowspan="2">评价标准</td><td rowspan="2">评价依据</td><td colspan="4">评价方式</td><td rowspan="2">权重</td><td rowspan="2">得分小计</td></tr>
<tr><td>学生自评(20%)</td><td>团队自评(30%)</td><td>教师导评(20%)</td><td>师傅导评(30%)</td></tr>
<tr><td>职业素养</td><td>（1）遵守规章制度、劳动纪律；
（2）按时按质完成工作任务；
（3）积极主动承担工作任务，勤学好问；
（4）保证人身安全与设备安全；
（5）工作岗位“6S”完成情况</td><td>（1）出勤；
（2）工作态度；
（3）劳动纪律；
（4）团队协作精神</td><td></td><td></td><td></td><td></td><td>0.3</td><td></td></tr>
<tr><td>专业能力</td><td>（1）熟悉直播电商风险评估知识；
（2）能正确解决断网、断电故障，正确判断识别营销中的法律法规与团队协作风险；
（3）能制订正确的风险应对计划</td><td>（1）操作的准确性和规范性；
（2）工作页或任务实施总结完成情况；
（3）专业技能任务完成情况</td><td></td><td></td><td></td><td></td><td>0.5</td><td></td></tr>
<tr><td>创新能力</td><td>（1）在任务完成过程中能提出有一定见解的方案；
（2）在教学或生产管理上提出建议，具有创新性</td><td>（1）方案的可行性及意义；
（2）建议的可行性</td><td></td><td></td><td></td><td></td><td>0.2</td><td></td></tr>
<tr><td colspan="8">合计</td><td></td></tr>
</table>

模块三：

直播营销

任务一 直播营销预演

任务描述

在前面任务中，嘉懿根据自己网店情况，已经完成了一个基础直播间的搭建，并通过短视频、社群等方式进行了首播宣传。在做好一切准备工作之后，面对即将开启直播营销之路，嘉懿及其父母既兴奋又担忧。由于嘉懿对直播营销的流程并不是很清楚，父母建议嘉懿先做一次直播预演，以确保首播的正常进行。那么直播预演应该做好哪些准备呢？是否需要写直播流程的完整脚本？

完成直播电商工作准备后，就进入了直播营销环节。这个环节包括预演与售卖两个阶段，预演是直播电商工作的前奏。直播电商工作者需要进行电商直播脚本编写，以脚本为基础进行彩排，接着进行营销流程测试，为售卖提供支撑。

任务要求

初级直播电商工作者要进行的直播营销预演任务包括：

（1）能将产品特性整理成直播脚本。

（2）能根据脚本进行直播彩排。

（3）能编写团队协作的直播脚本。

（4）能根据直播脚本测试营销流程。

任务目标

1. 知识目标

（1）学习掌握将商品特性整理成直播脚本的方法。

（2）学习根据脚本进行直播彩排的方法。

（3）学习编写团队协作直播脚本的方法。

（4）学习根据直播脚本测试营销流程的方法。

2. 技能目标

（1）能将产品特性整理成直播脚本。

（2）能根据脚本进行直播彩排。

（3）能编写团队协作直播脚本。

（4）能根据直播脚本测试营销流程。

3. 素养目标

（1）养成依据产品特性编写直播脚本的习惯。

（2）形成诚信服务客户、团队协作的理念。

一、任务准备

（一）相关理论知识

1. 直播脚本编写

1）编写直播脚本的意义

直播带货最重要的工作是编写直播脚本。没有直播脚本，主播对着镜头不知道说什么，即使有想法也难以表达，介绍商品也会吞吞吐吐，对着资料直接介绍商品，调动不起直播间氛围，更吸引不了粉丝，也留不住粉丝，难以提升直播间成交转化率。完整、详细、新颖、接地气的直播脚本是一场直播的有效保障，也是吸引粉丝、留住粉丝的保障，是实现直播预期目标的最关键因素。直播脚本通过规范直播流程来把控直播节奏，指导直播筹备工作，使直播间参与人员配合得更加默契和有条不紊。

（1）梳理直播流程。

优秀直播需要梳理合理的直播流程与顺序。因此脚本就是梳理清楚直播细节与流程，使整场直播的内容条理化。开播前梳理清楚直播的整体流程，会确保事半功倍。

（2）管理主播沟通技巧。

完善的直播脚本可以引导主播在直播期间的动作、行为，使其知道什么时间应该做什么，还有哪个步骤没做，借助主播传达出更多的信息，实现与粉丝的互动。

（3）设定直播主题。

主播在直播中控制着直播现场的节奏，而紧凑的直播可能会被粉丝的互动带偏，这时事前准备的脚本可以让主播迅速摆脱困扰，突出主题，主次分明。

（4）直播复盘总结。

通过脚本对比，明确并分析一场直播中哪个时段与哪个环节的销量、互动等出现问题，然后再加以优化，实现真正的复盘总结。

2）直播脚本的分类

直播脚本通常分为单品直播脚本和整场直播脚本。

（1）单品直播脚本。

单品直播脚本是针对单件商品撰写的直播脚本，主要包括单品的参数信息，如产地、价格、包装、颜色规格等。通过脚本，可以掌握该单品的变化趋势，针对性地制订该单品的营销策略，进而提高该单品成交转化率。编写单品脚本要分析单品 FAB（如属性、优点、利益），把该单品的卖点、利益点、痛点、做数据的各个点非常清晰地体现在脚本上，这样才能在直播中不会产生疑惑点或对该单品有不清楚的地方。单品直播脚本的核心要素如图 3-1-1 所示，宣传点如表 3-1-1 所示。

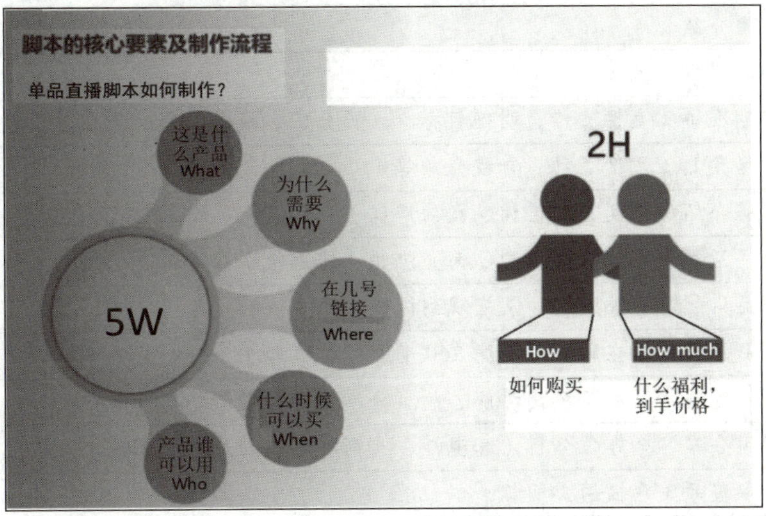

图 3-1-1　单品直播脚本的核心要素

表 3-1-1　单品直播脚本的宣传点

目　标	宣传点
品牌介绍	品牌理念
利益点强调	最低价
引导转化	适合任何肤质的护肤品
	要爱自己
直播间注意点	关注店铺
	分享直播间
	点赞
	下单

（2）整场直播脚本。

整场直播脚本编写较为复杂，需要对一场完整的直播进行整体把控，必须熟悉直播流程。除了了解单品参数信息，还要知道品牌及背后故事等。需要把品牌介绍、商品的卖点、用户的痛点、利益点、引导转化的点、主播注意事项等体现在直播脚本中。

整场直播脚本一般包含时间、地点、商品数量、直播主题、主播、预告文案、场控、直播流程（时间段）等要素。整场直播脚本包含的直播主题如表 3-1-2 所示。

表 3-1-2　直播主题

序号	直播主题
1	主播介绍
2	内容提纲（流程）
3	前期准备（直播宣传、明确目标、人员分工、设备检查、商品理货等）
4	开场预热（适度互动、自我介绍等）
5	品牌介绍（强调关注店铺、预约店铺）
6	直播活动介绍（直播福利、简介流程、诱惑性引导）
7	商品讲解（从外到内、从宏观到微观，语言真实生动）
8	商品测评（站在顾客的角度 360 度全方位体验）
9	商品性观众互动（案例讲解、故事分享、疑问解答等）
10	试用分享、全方位分析（客观性、有利有弊、切忌夸夸其谈）
11	抽取奖品（穿插用户问答）
12	活动总结（再次强调品牌、活动以及自我调性）
13	结束语（引导关注、预告下次内容）

3）直播脚本框架

直播脚本的内容主要包括：

（1）确定直播主题。

直播脚本必须明确本次直播是以仓库清仓还是厂家直销来定位，是以老板娘身份在档口去直播还是达人推荐好货或是卖货来定位，一定要有明确的主题。

（2）制订直播目标。

直播脚本必须明确本次直播目标是人气目标还是销售目标，销售目标是整个店铺总体目标还是单纯目标。

（3）确定开播时间。

直播脚本必须明确本次直播的开播时间，是选择粉丝活跃的时间段还是固定开播时间，让老粉丝掌握开播时间规律。

（4）确定开播时长。

直播脚本必须明确本次直播的时长，不能因为观众少就中途停播，也不能因为观众多就延长规定的直播时长，一般建议直播时长以 3～4 个小时为宜。

（5）制订活动策略。

直播脚本必须明确本次直播的活动策略，可以采用开场送、整点抽、限量秒杀、入团福利等，如一款专门宠粉商品，只有加入粉丝团的成员才可以享受福利即入团福利，还有神秘福袋如现金福袋、礼物福袋和实物福袋等活动。

（6）策略营销方法。

直播脚本必须明确本次直播的策略营销方法，并利用营销工具去完成。

（7）岗位运营。

直播脚本须明确本次直播的主播、副播、场控、运营以及各岗位具体负责的内容。

4）直播脚本写作案例

本部分以旗袍直播为案例，直播脚本的写作。旗袍展示如图 3-1-2 所示。

本次直播在 08:50 到 09:00 期间主要做热场的交流和抽奖，与粉丝聊天、寒暄，鼓励大家转发直播间，刺激互动。主播要与粉丝互动，副播和助理回答问题和进行新品的展示，后台和客服进行粉丝的推动，和粉丝互动备注一些中奖信息。

图 3-1-2　旗袍展示

直播顺序：介绍优惠内容、福利内容，欢迎大家邀请或加关注。十分钟后，开始介绍引流福利第一款，介绍价值加鼓励转发，直播间组织点赞和刺激互动。主播负责商品讲解以及上架秒杀，副播进行商品细节讲解、补充和展示，后台客服回复问题，把人气拉到平均值。

接下来 20 分钟开始展示第一批常规主打款商品，一般分成三批展示，主要介绍商品价格、引导互动、活动介绍、突出限时限量，主播负责商品讲解以及秒杀，副播和助理负责商品细节补充和展示，为了提升转化率要注意引导和指导下单，因为一些大龄粉丝不会下单、点赞。

以 30 分钟为一个循环周期，6 个循环周期就构成一场 3 小时的直播。进行同类循环，引流款、第二批主打款、第一批主打款以及第二批主打款，中场进行一波抽奖。抽奖可以激发长时间停留在直播间粉丝的兴趣，缓解粉丝疲劳，促进与粉丝的互动，从而让直播的在线人气达到新的高潮，接着又可以进入下一个循环。直播活动结束后要进行复盘，分析此次直播的优点和不足之处，以优化后续的直播活动。

此次直播活动的直播脚本如表 3-1-3 所示。

表 3-1-3　直播脚本

直播主题	女装特卖抢好货				播出日期	播出时长
推出时间	（开播时间为整点或半点后的几分钟）				直播目标	卖货 6 W，涨 1 W
本场卖点	让利大放送、入团有专属赠礼					
主播		副播		场控		
时间安排	内容	说明	主播	副播/助理	后台/客服	备注
20:50-21:00	热场交流—抽奖	与粉丝唠嗑寒暄+鼓励转发直播间+刺激互动	与粉丝互动+截图抽奖送福利	回答问题+新品展示	粉丝推送+粉丝互动	与新进入直播间的粉丝介绍今天的优惠以及福利
21:00-21:10	引流福利1款	介绍价值+转发直播间+组织点赞和刺激互动	商品讲解+秒杀	商品细节讲解补充+展示	回复后台客户问题+商品维护	把人气拉到平均水平
21:10-21:30	第一批，常规主打2~3款	介绍商品价格+引导互动+活动介绍+突出限时限量	商品讲解+秒杀	商品细节讲解补充+展示	回复后台客户问题+商品维护	注意回复问题+下单指导
21:30-21:40	引流福利1款	介绍价值+转发直播间+组织点赞和刺激互动	商品讲解+秒杀	商品细节讲解补充+展示	回复后台客户问题+商品维护	查看人气值，拉人气
21:40-22:00	第二批，常规主打两款	介绍商品价格+引导互动+活动介绍+突出限时限量	商品讲解+秒杀	商品细节讲解补充+展示	回复后台客户问题+商品维护	注意回复问题+下单指导
22:00-22:20	第一批+第二批过款	介绍商品价格+引导互动+活动介绍+突出限时限量	商品讲解+秒杀	商品细节讲解补充+展示	回复后台客户问题+商品维护	注意回复问题+下单指导
22:20-22:25	抽奖	缓解疲劳+刺激互动+促进留存	截图抽奖+10 个粉丝	引导关注	备注中奖粉丝信息	告知清楚参与抽奖规则方式
22:25-22:50	第三、第四批，常规主打两款	介绍商品价格+引导互动+活动介绍+突出限时限量	商品讲解+秒杀	商品细节讲解补充+展示	回复后台客户问题+商品维护	注意回复问题+下单指导
22:50-23:00	第三批+第四批过款	介绍商品价格+引导互动+活动介绍+突出限时限量	商品讲解+秒杀	商品细节讲解补充+展示	回复后台客户问题+商品维护	注意回复问题+下单指导

2. 直播彩排

1）什么是直播彩排

直播脚本编写出来后，若没有进行实际的走场，临场时很有可能出现一些意想不到的实际问题，如果脚本时间安排不合理，主播、场控以及运营配合需要磨合，因此直播前必须进行彩排。

直播彩排是根据直播脚本进行彩排，主播等出镜人员、道具组、商品组、摄影摄像等构成的直播团队根据彩排流程发现问题并解决问题。

直播团队要特别注意检查网络是否畅通，预估直播在场人数，考虑是否增加网络带宽。在直播前，仔细检查摄像机色温、直播音频以及导播画面等。

2）直播彩排的重点

直播彩排是一场全流程的电商直播演练，目的是让直播流程更为顺畅，降低直播过程中可能会出现的失误。直播彩排过程中需要关注内容主要包括：

（1）商品出场顺序。

在直播过程中，最先出场的商品是低价位商品，可以增强用户的购买欲望，然后上架更多其他种类的商品。如果在直播过程中没有安排好商品的出场顺序，可能会导致商品出场顺序错误，进而对后续出场的商品造成不良影响。

（2）商品介绍试用。

在直播过程中，主播通常基于试用方式来介绍商品，这是为了让用户了解商品的使用效果，促进用户的购买冲动。不同商品使用效果的展示方式不同，如服饰类商品在试用时主要展示其穿戴在身上的效果,化妆品类商品在试用时主要展示其使用技巧。

（3）直播商品的优惠。

主播在直播前就必须清楚直播商品的优惠政策，在直播过程中不能出现主播宣传“优惠到 100 就可以买到”但消费者在付款时发现需要 150 元才能买到的错误，这种情况很容易让消费者产生心理落差感并降低对直播间的信任，认为是直播间虚假宣传。为了避免出现这种错误，在直播开始前，主播必须先清楚商品的优惠政策，确定好优惠价格。

因此，直播彩排务必要关注上述重点，避免影响直播销量。

3）直播彩排预演安排

直播彩排预演的时间安排主要包括：

（1）开播第 1 min。马上进入直播状态、签到环节，与现场粉丝打招呼。

（2）第 1~5 min。近景直播，边互动边安排本场直播 1~2 款爆款，互动建议选择签到打卡抽奖，不断强调每天定点开播，等待大部分粉丝的来临。

（3）第 5~10 min。剧透今日新款和主推款。

（4）第 10~20 min。将直播商品款式全部走马观花过一遍并且不做过多停留，但是可以重点推荐潜在爆款。整个剧透持续时间为 10 min，助理跟上，服装、日化、食品等商品可以配套展示。整个过程不看粉丝评论，按制订好的直播节奏逐一剧透。

（5）开播 30 min 后。正式逐个推荐商品，有侧重地根据粉丝对剧透需求进行介绍，参考直播前的商品结构进行介绍。每个商品的 5 min 直播脚本，可以参考单品脚本。

（6）直播中。场控根据在线人数和每个商品的点击转化销售数据，引导主播调整重点演绎内容。

（7）最后 1 h。做呼声较高商品的返场演绎。

（8）最后 10 min。主播剧透明天的新款，助理见缝插针地回复本次直播观众针对商品提出的问题。

（9）最后 1 min。强调关注主播，明天几点准时开播，明日福利。

4）直播彩排方案制定

（1）直播彩排主题。

民以食为天，食以安为先。国家要求严防、严管、严控食品安全风险，保证人民吃得放心、安心。为了让群众吃上放心年货，需要为群众挑选安心食品，保证人民吃得放心安心！开开心心过大年！

（2）直播彩排思路。

制作各种食品安全检测节目，提升企业知名度，增加其社会影响力。加强与粉丝互动，宣传食品安全知识，甚至帮助粉丝检测年货。

（3）直播彩排方案。

时间段：15:30—16:30。以公司名义注册账号并登录，将直播头像换成公司吉祥物，食品样本必须去掉标志、名号及标识（一切泄露食品购买地点的相关标志）；规划下次直播时间及直播内容；使用速测盒进行食品样品检测。

① 方案制定。

食品检测结果合格与否并不重要，重要的是向粉丝普及相关的科学知识和一般的辨别方法。

a. 样品选购：购买同种材料、不同档次的多件商品供观众分析。一般多选择价格便宜且销售量大的商品，视直播观众而定。

b. 前期处理：直播前，进行检测样品的需要进行前期处理，如检测时间长的要求提前做检测，检测时间短的可以在直播期间做检测。直播间做检测，多使用速检盒，简单方便、快捷地完成检测任务。

c. 检测期间：主播介绍检测内容，普及检测原理，介绍食品选购注意事项，误食有害食品后出现的症状及处理办法等。

d. 在直播期间可以和粉丝互动，带动节目气氛，寻找高潮点，抓住粉丝提问，重点带节奏等。选择不同方法或在一定时间段，开展送礼（如公司吉娃娃）活动环节。还可以互动，邀请粉丝送年货到直播现场进行现场检测。

e. 检测人员也要带动气氛，积极发言，介绍检测内容、评判标准等。

f. 道具组和公司人员观看时，也要积极发言，互动带节奏。

② 人员配置。

直播彩排的人员配置主要包括主播、检测人员、道具组。

a. 主播：1人。负责旁白、检测过程介绍及带动现场气氛。

b. 检测人员：2人（操作人员和助理人员）。

操作人员主要负责样品的检测并介绍相关知识，助理人员协助操作人员完成样品的检测。

c. 道具组：1人（待定）。使用多个账号在直播期间积极发言、提问带节奏，管理直播间并拉黑诋毁的观众！

③ 题材选择。

按选择的题材可分为两大类：按食品货品类别可分为干货、咸货、酒水类、肉类等；按公司试剂类别可分为农残、兽残及其他试剂等。在制作方案时可择其一，蔬果菜类和火锅底料等也可以直播。

④ 直播需要的仪器和辅助材料。

a. 要求网络网速高，在高并发数（预估的最大观众数量）时不存在卡顿现象。

b. 高清手机1部：高像素，高清晰度。

c. 手机自拍器1个：用于手机拍摄，方便拍摄样品检测过程等。

d. 移动电源1个：解决长时间录像导致手机没电的问题（备用）。

e. 灯光、音效、设备1套：解决直播间空间效应问题。

f. 移动小黑板1个：方便给观众分析选购商品时的注意事项。

⑤ 直播技巧。

a. 必须具有自己的特色。通过独具特色的直播，给观众留下深刻的商品卖点和消费偏好，吸引观众成为长期粉丝，带动其他用户关注直播。

b. 采用横屏或竖屏录制视频的效果不同。在直播过程中，主播利用手机或电视同时观看拍摄的自己的镜头，根据观看到的效果随时调整镜头或自己的行为、姿态，以达到最佳的视觉效果。

c. 广告制作方案（网站链接）。第一，视频录制屏幕广告安放在屏幕的什么位置。第二，在发放天猫商店广告链接的同时应该注意提示观众购买，并且注意安全操作方法。第三，将公司官网链接网址发送给观众，让他们了解商品的制造商。

（4）总结问题。

①视频录制屏幕广告安放在屏幕的什么位置？

②直播内容按照什么分类录制？

③如何在直播期间发放礼物？

④在哪里完成样品检测？

3. 团队协作直播脚本编写

1）内部团队协作

一场完美的直播离不开团队协作，在直播开场之前就要明确各岗位职责，因此团队协作在直播脚本编写时显得非常重要。团队协作直播脚本对主播、助播、运营人员的动作、行为、沟通技巧等做出指导，对直播参与人员也做了明确规定。

（1）主播负责引导观众、介绍商品、解释活动规则。

（2）助理负责现场互动、回复问题、发送优惠信息等。

（3）后台运营人员负责修改商品价格、与粉丝沟通、转化订单等。

（4）其他团队人员可以负责直播物料的设计输出如背景板、灯光、架子、提词器、奖品牌，以及小助手的联系方式，准备麦克风等。

2）外部团队协作

电商直播往往也会邀请嘉宾参与，因此嘉宾也是团队一员，并且扮演很重要的角色。要想嘉宾发挥出好的作用，同样离不开脚本。嘉宾的定位需要与目标受众相匹配，并友好地引导观众互动、转发或购买。主播一般邀请行业领域相关或者当地粉丝资源较多、主持功底深厚的人担任嘉宾。

4. 营销流程测试

1）开场预热

直播开场预热直接影响粉丝对直播间的期待值以及直播间的人气积攒，一要选定预热渠道，二要介绍直播内容，三要突出关键信息。直播开场方式一般包括：

（1）自我介绍开场。

通过简单的自我介绍，表明自己的真诚与感谢，让粉丝感知到开场预热。

（2）送福利开场。

开播就点名直播中有超级福利，暗示粉丝带着期待进入状态；另外可以使用“家人”“朋友们”等专属昵称，体现粉丝的独特，传递主播的热情。

（3）商品及厂家介绍开场。

突出介绍商品和厂家的优势，暗示粉丝商品具有较高的性价比，主播推荐的商品都是最低价格的。

（4）抽奖开场。

普通商家直播，最常用的活跃气氛的招数莫过于抽奖。抽中的奖品不一定是价格贵的，体现出心意即可。

2）话题引入

根据直播主题或当前热点事件切入。为了活跃直播间气氛、调动粉丝情绪，营造使用场景对促单有着非常明显的作用，能让粉丝知道“为什么要买”，痛点共鸣，激发粉丝购买欲。

3）商品介绍

在直播带货过程中，重点突出商品性能优势和价格优势。介绍商品要有逻辑，能让消费者快速了解到商品的具体特点和优势。

（1）食品类。

食品类商品需要现场试吃。通过检测展示现场试吃的过程，表现食物的口感，让粉丝了解到食物的色、香、味。直播时还要介绍食物的配料，需要处理后才可食用的食品，主播还可以展示食物处理流程。食品类商品用户最关注点：保质期、配料、口感、规格、价格。

（2）鞋靴服饰类。

鞋靴服饰类商品需要穿戴才能展示出商品的效果和特点。另外，通过讲解穿搭技巧、展示穿搭秀等方式直观展示给用户。鞋靴服饰类用户关注点：适合什么风格、面料是否舒适、实际上身效果、有无色差、尺码（透露模特身材信息、方便粉丝对比）、价格。

（3）美妆护肤类。

美妆护肤类商品通过实验来介绍商品性能。如面膜一定要现场挤出精华展示含量，口红、眼影一定要现场试色（无滤镜）。美妆护肤类商品用户关注点：使用感受（质感、质地）、功效（保湿还是抗老）、成分（添加了哪些主要成分、功效是什么、占比多少）、适用人群（肤质是干皮油皮、年龄适合多大）、价格。

（4）商品介绍通式。

直播间介绍商品大多采用下面两种方法：第一是商品介绍 + 价格对比 + 使用场景；第二是店铺名称 + 商品介绍 + 原价 + 现价 + 折扣力度 + 线下价格 + 使用场景 + 抢购方式 + 快递 + 售后。

4）粉丝互动

直播间福利留人，如点关注、送礼、抽奖、催单沟通技巧、穿插回答问题等。主播如果仅限于讲解商品本身，没有与粉丝互动、解答问题，带货结果肯定不好。直播间常见的互动方式主要包括如下 4 类。

（1）带节奏式互动。

带节奏式互动的沟通技巧就是要观众发言，让新进来的游客看到直播间很活跃。为什么那么多人刷屏，主播到底在表演什么？

（2）选择式互动。

选择式互动的沟通技巧就是给观众抛一个选择题，答案 ABCD 都可以。发言成本很低，能够迅速让观众参与到直播互动里。

（3）回答式互动。

回答式互动是指主播在直播间要充当客服角色，粉丝会询问很多同样的问题，主播一定要耐心回答。

（4）感谢式互动。

感谢式互动是指电商直播的重点是带货卖货，但直播打赏也不容忽视，当粉丝给主播打赏豪华礼物时，主播一定要及时播报，口头感谢 × × 或比心等方式表达感谢。

5）结束预告

直播活动结束之前，需要做的事情包括：整场商品的回顾，催付；感谢粉丝，引导关注；预告下次直播时间、福利和商品活动。

（二）设备、工具准备

为了完成直播营销预演，每个工作团队（小组）需要向直播电商店家（公司）内物业（品）工作人员提供借用工具清单，如表 3-1-4 所示。

表 3-1-4　直播营销预演任务借用工具清单

序号	名称（型号、规格）	数量	借出时间	学生签名	归还时间	学生签名	管理员签名
1							
2							
3							
4							

（三）材料准备

为了完成直播营销预演，每个工作团队（小组）需要向直播电商店家（公司）内物业（品）工作人员提供领用材料清单，如表 3-1-5 所示。

表 3-1-5　任务领用材料清单

序号	名称（型号、规格）	数量	借出时间	学生签名	归还时间	学生签名	管理员签名
1							
2							
3							
4							

（四）团队（小组）方案

按销售服务内容，将学生分为若干个团队（小组），每个团队（小组）根据工位要求由 3~5 人组成，指定 1 人为团队（小组）长、2 人为材料管理员，材料管理员负责材料领取分发，团队（小组）长负责组织本组相关任务的计划、讨论汇总及实施，填写本团队（小组）成员工作任务实施过程中的相关记录表。

二、制订工作计划

（一）拟订任务安排

1. 任务下达

2. 任务目的与描述

3. 任务完成条件

4. 任务过程（完成流程）

5. 阶段任务成果

6. 任务完成成果

（二）任务工单

直播营销预演任务工单如表 3-1-6 所示。

表 3-1-6　直播营销预演任务工单

任务名称				任务用时		直播室号（工区）	
组　别		组长		指导教师		指导师傅	
任务人姓名		任务年月		团队成绩		个人成绩	
任务设备				任务场所		完成时长	
任务描述							
任务要求							
实施记录							
任务结论							
任务检查		组长检查		教师检查		师傅检查	

三、任务实施

（一）任务内容

1. 直播脚本编写

（1）编写直播脚本有哪些意义？

（2）简介直播脚本的类型。

（3）简介直播脚本的写作框架。

2. 直播彩排方案制定

（1）什么是直播彩排？

（2）简介直播彩排的重点。

（3）如何安排直播彩排预演？

（4）简介直播彩排方案制定。

3. 简介团队协作直播脚本编写。

4. 营销流程测试

（1）营销流程测试有哪些环节？

（2）如何进行开场预热？

（3）怎样进行产品介绍？

（4）粉丝互动有哪些方式？

（二）工作任务实施

1. 工作展开

（1）小组协商共同制定直播营销预演方案。

（2）小组分工合作，根据方案实完成不同内容。

（3）小组协商共同完成直播脚本编写。

（4）小组成员担任直播团队不同岗位并依据直播脚本模拟直播。

2. 工作记录

（1）任务布置（2 min）。

各团队（小组）根据任务内容分配团队成员任务。

（2）资料搜集（20 min）。

各团队成员独立完成信息、资料的搜集和整理。

（3）小组讨论（5 min）。

汇总各成员的资料信息，初步形成讨论结果。

（4）总结评价（13 min）。

团队（小组）长汇总形成小组最终结论。

（5）课后实训。

各小组依其制定的直播方案，选择合适商品完成不少于 20 min 直播及互动话术演练。

3. 实施注意事项

根据直播具体计划与商品安排，直播注意事项主要包括：

（1）注意用电安全以及正确、合理使用相关设备设施。

（2）进行直播营销预演时，要熟悉直播规则，不能违规。

（3）脚本编写时注意明确各要素，编写后要仔细审查，有无关键术语和关键数据错误。

（4）小组成员承担直播团队不同岗位，要根据每位同学的自身特点分配任务。

（5）小组选择合适直播场景进行全程直播演练。

（6）控制任务完成进度，确保达成任务质量目标，各小组在老师规定的时间范围内完成相应任务并提交任务总结。

四、任务评价

（一）成果展示

1. 各团队（小组）派代表展示任务成果

2. 其他团队（小组）提出的改进建议

（二）评估总结

1. 学生自我评估与总结

2. 团队自我评估与总结

3. 教师指导评估与总结

4. 师傅指导评估与总结

（三）团队对工作岗位“6S”处理

在团队（小组）和教师都完成工作任务总结以后，各团队（小组）必须对自己的工作岗位进行“整理、整顿、清扫、清洁、安全、素养”检查与要求；归还所借的工量具、场景道具和模拟工件。

（四）评价表

直播营销预演任务完成情况评价如表 3-1-7 所示。

表 3-1-7　直播营销预演任务完成情况评价表

班级：________________

团队（小组）：________________

姓名：________________

指导教师：________________　带岗师傅：________________

日　　期：________________　日　　期：________________

评价项目	评价标准	评价依据	评价方式				权重	得分小计
			学生自评(20%)	团队自评(30%)	教师导评(20%)	师傅导评(30%)		
职业素养	（1）遵守规章制度、劳动纪律； （2）按时按质完成工作任务； （3）积极主动承担工作任务，勤学好问； （4）保证人身安全与设备安全； （5）工作岗位“6S”完成情况	（1）出勤； （2）工作态度； （3）劳动纪律； （4）团队协作精神					0.3	
专业能力	（1）熟悉直播营销预演知识； （2）能正确编写直播与团队写作脚本； （3）能正确制订直播彩排方案，进行营销流程测试	（1）操作的准确性和规范性； （2）工作页或任务实施总结完成情况； （3）专业技能任务完成情况					0.5	
创新能力	（1）在任务完成过程中能提出有一定见解的方案； （2）在教学或生产管理上提出建议，具有创新性	（1）方案的可行性及意义； （2）建议的可行性					0.2	
合计								

任务二
直播营销售卖

任务描述

直播营销售卖是直播营销预演的延续与高潮，是直播电商工作者成果的集中体现。不仅要注意做好产品特性及卖点介绍、展示销售产品，同时也要注意使用营销话术介绍产品特点、平台优惠与产品折扣信息，引导用户下单。

经过前面三个模块的学习，嘉懿已经具备了直播电商的基本知识，同时也学习了直播电商的相关法律法规及风险评估。在直播的探索之旅中，嘉懿组建了自己的直播电商团队，在团队合力完成了直播脚本编写、直播方案预设、营销流程测试等环节后，即将开启他们真正的上镜直播，在接下来的直播活动中，团队成员准备大显身手，一起加入他们的学习之旅吧。

任务要求

初级直播电商工作者进行直播营销售卖的任务包括：

（1）能介绍销售商品的基本特性及卖点。

（2）能对销售商品进行展示。

（3）能引导用户下单。

（4）能使用营销话术介绍商品特点。

（5）能介绍平台优惠及商品折扣信息。

任务目标

1. 知识目标

（1）学习掌握介绍商品特性及卖点的方法。

（2）学习掌握展示销售商品的方法。

（3）学习掌握引导用户下单的方法。

（4）学习使用营销沟通技巧的方法。

（5）学习介绍平台优惠及商品折扣信息的方法。

2. 技能目标

（1）能介绍商品特性及卖点。

（2）能展示销售商品。

（3）能引导用户下单。

（4）能使用营销话术介绍平台优惠及商品折扣信息。

3. 素养目标

（1）养成良好售卖习惯。

（2）形成客观、真实、全面介绍商品特性与卖点的理念。

（3）形成依法合规提供服务的理念。

一、任务准备

（一）相关理论知识

1. 商品特性及卖点介绍技巧

1）商品卖点

商品卖点是指能吸引消费者下单购买的特色与特点。商品的这些特色和特点一方面是自身具有的，另一方面是通过营销者的创新思维挖掘与总结出来的。

2）商品卖点提炼的技巧

（1）FAB 法则。

F（Feature）：指商品功效或属性，具体包含商品的外观、形状、功能、用途等。

A（Advantage）：指商品的优点或优势，即与竞争对手商品相比所具有的独特性能，包括商品独有的特色与特点。

B（Benefit）：指客户利益与价值，即商品或服务的某个优点能给客户带来的利益。

（2）商品卖点的提炼方向。

商品卖点的提炼方向通常包括市场地位、价格、服务、产地、时间、店主魅力、技术创新等方面。

（3）卖点介绍的注意事项。

① 提取关键词来表述商品卖点。

在直播过程中介绍商品卖点时，要尽量少用长句，尽可能把商品的卖点提炼成关键词或简短的语句并清晰地表达出来，有助于观众记忆。

② 将商品卖点介绍与引导购买结合。

在直播过程中介绍商品卖点时，应该适时提示活动价格、弹出商品链接、发放优惠券、引导观众下单。

③ 结合商品卖点来解答评论区的提问。

主播要随时关注弹幕区观众的评论或提问，尽可能结合观众的问题与商品卖点进行讲解，避免主播一言堂的尴尬直播。直播商品卖点关键词如表 3-2-1 所示。

表 3-2-1 直播商品卖点关键词

商品名称	商品卖点	日常价	直播活动价	核心卖点
春装新款刺绣宽松圆领套头灰色卫衣女	（1）大力水手加联名款。 （2）小图案设计，基础又有个性	479	84	2件2折+400减50优惠券
百搭哈伦风小脚中腰九分裤休闲裤女裤	（1）九分裤设计，露出性感的小脚趾不要太好看。 （2）哈伦裤的版型，超适合女性，效果非常好	299	52	2件2折+400减50优惠券
夏季新款波浪绣线双层领时尚衬衣下摆不规则条纹雪纺衫	这款条纹衬衫搭配半身裙或者那种简单的休闲裤就很有职业范了，最适合上班的时候穿了，折后价57，很优惠有没有	329	58	2件2折+400减50优惠券
冬季新款大力水手oversized印花宽松撞色拼接加绒卫衣女	这个款也是×××品牌的IP系列，他们家最近的IP系列很多款都卖得不错的，鸳鸯袖的设计也大潮了吧，看到图片都很心动了。买它，买它，能领150元的优惠券再买哦	239	89	150元优惠券
长袖卫衣女2019春装新款抽绳字母印花贴布绣连帽套头上衣潮	胸前大贴布印花设计，让你的卫衣更有吸睛亮点哦	499	87	2件2折+400减50优惠券

2. 销售商品展示

1）商品展示

主播在直播过程中讲解商品卖点时，会在镜头前演示或试用商品。为了更好地展示商品吸引消费者购买，直播间需要为商品创设使用场景，这是直播带货的一个重要技巧。

使用场景有三个核心要素：使用对象、用户需求和使用情境。

2）常见的使用场景创设方法

（1）服饰直播的场景创设。

在介绍服饰类商品时，其重点是抓住服饰的风格，打造服饰穿搭场景，搭配首饰、帽子、箱包等，为观众展示完整的造型，让直播间的观众在观看时能想象自己搭配的样子。

（2）生活用品直播的场景创设。

生活用品创设场景主要考虑商品在生活中满足顾客哪方面的需求，能够解决什么问题，从而描述相应的场景，让观众有代入感，让观众相信该商品能解决生活中的哪些麻烦。

（3）食品直播的场景创设。

在食品类直播场景创设时，最容易直观展示商品的方式是主播边播边吃，如今网络上流行的吃播便是最好的诠释。主播在吃的过程中可以讲解商品特点和烹饪方式，营造一种看过等于吃过的氛围。

3. 引导用户下单技巧

1）消除顾虑，提升信任感

直播是通过网络传递商品信息，观众不能实时试用商品，对商品存在的疑虑只能通过主播去消除。因此，在直播间主播一定要现场试用商品，验证商品的功效，分享使用体验与效果，同时主播还需要描述商品使用的场景和方法，才能更具有说服力，激发消费者的购买欲望。

在网络上经常会遇到主播介绍某一款商品时，会讲到一些家人、工作人员都曾使用过该商品，还会在直播间拿出自己使用过该商品的空瓶，以证明这些商品是自用款并且效果很好。这些行为都是主播为了消除观众对商品的顾虑，建立信任的方法。

2）价格锚点

促使直播间观众为商品的价值感付费。如某商品原价、专柜价为 199 元，而直播间售价为 99 元，这里的“199 元”“原价”“专柜价”就是商家设置的“价格锚点”，让观众感觉购买此商品并不是真的为了商品的成本付费，而是为了商品的价值感付费。

3）限时限量限“地”

（1）限时促单。倒数 5 个数上连接，开始抢购，马上下架了等。制造一种限时抢购紧迫感。

（2）限量促销。总共只有 300 单，最后 50 单，抢完就没货了，加不了库存等，制造稀缺感。

（3）限“地”促单。只有本直播间才能以此价格购买，其他直播间没有这种优惠。让观众产生一种只有该直播间才能购买、错过再也没有机会的危机感，以促成下单。

4）营造互动氛围

为了促进直播间更多的用户下单，最核心的元素就是做好直播间互动。直播间互动在一定程度上决定了观众的停留时间、回访率、关注率以及转化率。互动效果的完整度在一定程度上决定了能否获得观众信任并促成观众下单。营造互动营销的方法如图 3-2-1 所示，主要包括：

（1）游戏互动。

在直播间设置让观众也能参与的游戏活动。

（2）惊喜福利。

主播在直播间不定期发放惊喜福利以营造互动氛围，如惊喜福袋、整点红包等。

（3）发红包雨。

在直播间设置整点红包雨活动，发放千万补贴，观众点击红包个数越多，红包数额越多，直播间通用。

（4）抽奖互动。

抽奖互动包括抽红包、抽优惠券、抽免单用户等。抽到红包全场通用、优惠券可直接下单优惠、免单用户即所抽中的观众对规定商品免单。更能促进观众下单。

（5）弹幕互动。

主播积极参与弹幕互动，设置刷弹幕可开福袋赢豪礼活动，让观众积极刷弹幕以增强直播间热度；同时主播可以倒数 3、2、1 后截图，截取到的已关注的粉丝成员可参与直播间优惠活动或者免单活动，以调动直播间观众热情和参与度。直播互动营销技巧如图 3-2-1 所示。

图 3-2-1　直播互动营销技巧

4. 营销沟通技巧表达技巧

直播过程中常见的营销沟通技巧包括寻求意见沟通技巧、痛点型沟通技巧、节奏型沟通技巧、点名沟通技巧、诱导型沟通技巧，如图 3-2-2 所示。

说服的技巧	
具体说明	商品的好处，能为粉丝的生活带来什么？
反复强调 反复说明	粉丝不是从头到尾一直在看节目，重要的卖点要反复的说明。
通过数字比较	立省 1000 元，市场占有率 100%
惊喜	加赠的赠品，超值的低价，渲染气氛，卖关子
吸引对方的视线	用特别的形式或常用的场景吸引顾客的视线

图 3-2-2　拼多多直播沟通技巧

（1）寻求意见沟通技巧。

寻求意见沟通技巧是指可以提高直播间观众参与度，让观众不由自主地留下来观看和参与的一种沟通技巧。例如：直播间的家人们可以在我们的弹幕区留言，你们想要什么商品，还需要商品做哪些改进，可以打在公屏上，后期我们的工作人员会进行统计。

（2）痛点型沟通技巧。

痛点型沟通技巧是指结合商品与直播间观众的痛点，能引起观众强烈共鸣的一种沟通技巧。例如：主播手上的这款商品含有烟酰胺成分，皮肤黑的粉丝用后可以改善皮肤肤色，焕发白嫩肌肤。

（3）节奏型沟通技巧。

节奏型沟通技巧是指能让直播间的观众感受到直播间的活跃气氛，从而驻足参与直播间活动的一种沟通技巧。例如：粉丝们想不想要主播手上的商品，想要的粉丝把“想要”两个字打在公屏上！

（4）点名沟通技巧。

点名沟通技巧是指在直播间针对新进入观众、点名提问的弹幕区观众，在回答弹幕区某个具体问题时该观众的 ID 带上，这样会让该观众感觉被重视。例如：欢迎××进入直播间，新进来的粉丝记得点击左上角的“关注”，就有机会赢取我们的福袋大礼包哦。

（5）兴趣式沟通技巧。

兴趣式沟通技巧是指将有价值的商品信息传递给观众，激发其兴趣，增加其在直播间停留时间。例如：接下来就到了我们的美妆小课堂时间，很多粉丝在选择美妆商品时不知道哪些款式适合自己，主播会把每一款美妆商品的特色和主打功效讲给大家听，直播间的粉丝们拿好小本本做好笔记，以后就再也不用犯愁了。

5. 平台优惠及商品折扣介绍

直播过程中平台促销主要包括限时促销、限时秒杀、新品上架、阶梯式促销、整件促销、买赠活动、积分活动、优惠券、会员等级、专题活动、品类折扣等。直播促销方法如图 3-2-3 所示，主要包括：

（1）限时促销。

限时促销是指在规定的时间范围内对商品进行降价促销的一种促销方式。

（2）限时秒杀。

限时秒杀是指在规定的时间范围内以低价限量进行抢购的一种促销方式。

（3）新品上架。

新品上架是指推出新商品进行降价促销的一种促销方式。

（4）阶梯式促销。

阶梯式促销是指按观众购买商品数量享受不同折扣的一种促销方式。例如 1 件享受 9 折、2 件享受 8 折、5 件享受 5 折优惠。

（5）整件促销。

整件促销是指商品按 10 件、20 件等倍数或者设定最低购买量销售的一种促销方式。

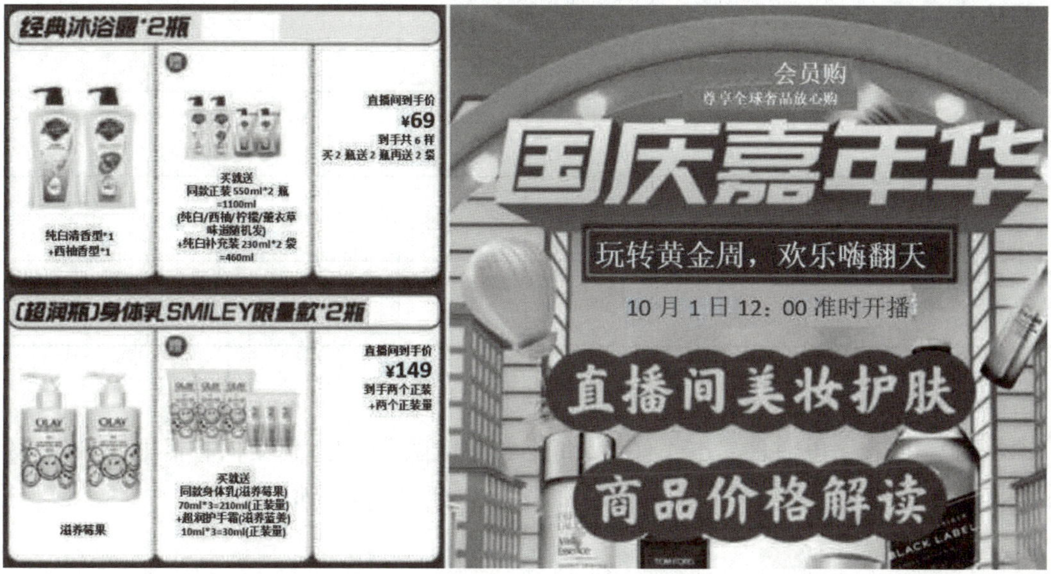

图 3-2-3　直播促销方式

（6）买赠活动。

买赠活动是指订单满 XX 件或者买 XX 元赠送额外商品的一种促销方式。

（7）积分活动。

积分活动是指下单获得积分、积分抵扣金额或者兑换礼品的一种促销方式。

（8）优惠券。

优惠券是指节假日赠送优惠券、抵消订单金额的一种促销方式。

（9）会员等级。

会员等级是指每个等级的用户享受不同比例的积分返点或者礼品的一种促销方式。

（10）专题活动。

专题活动是指比如三八妇女节的“女神节活动”“双十一购物狂欢节”“618 大促”等活动的一种促销方式。

（11）品类折扣。

品类折扣是指针对具体的某个品类进行折扣活动的一种促销方式。

（二）设备、工具准备

为了完成直播电商售卖工作任务，每个工作团队（小组）需要向直播电商店家（公司）内物业（品）工作人员提供借用工具清单，如表 3-2-2 所示。

表 3-2-2　直播电商售卖任务借用工具清单

序号	名称（型号、规格）	数量	借出时间	学生签名	归还时间	学生签名	管理员签名
1							
2							
3							
4							

（三）材料准备

为了完成直播电商售卖工作任务，每个工作团队（小组）需要向直播电商店家（公司）内物业（品）工作人员提供领用材料清单，如表 3-2-3 所示。

表 3-2-3　任务领用材料清单

序号	名称（型号、规格）	数量	借出时间	学生签名	归还时间	学生签名	管理员签名
1							
2							
3							
4							

（四）团队（小组）方案

按销售服务内容，将学生分为若干个团队（小组），每个团队（小组）根据工位要求由 3～5 人组成，指定 1 人为团队（小组）长、2 人为材料管理员，材料管理员负责材料领取分发，团队（小组）长负责组织本组相关任务的计划、讨论汇总及实施，填写本团队（小组）成员工作任务实施过程中的相关记录表。

二、制订工作计划

（一）拟订任务安排

1. 任务下达

2. 任务目的与描述

3. 任务完成条件

4. 任务过程（完成流程）

5. 阶段任务成果

6. 任务完成成果

（二）任务工单

直播电商售卖任务工单如表 3-2-4 所示。

表 3-2-4　直播电商售卖任务工单

任务名称				任务用时		直播室号（工区）	
组　别		组长		指导教师		指导师傅	
任务人姓名		任务年月		团队成绩		个人成绩	
任务设备				任务场所		完成时长	
任务描述							
任务要求							
实施记录							
任务结论							
任务检查		组长检查		教师检查		师傅检查	

三、任务实施

（一）任务内容

1. 产品特性及卖点介绍

（1）产品卖点及提炼的技巧是什么？

（2）介绍产品卖点要注意哪三个方面？

2. 如何进行销售产品展示？

3. 引导用户下单技巧

（1）如何理解限时限量限（地）？

（2）简介营造互动氛围及其五种方法。

4. 简介营销话术表达技巧。

5. 平台及商品活动优惠的设置类型？

（二）工作任务实施

1. 工作展开

（1）任务背景。

嘉懿帮助父母的服装店与当地职业学校达成校企合作。该校要求嘉懿带领自己的团队在学校进行一场直播，以促进产教融合的推进。假设你是嘉懿，如何组织准备这场直播，让同学们感受到直播间的氛围，促进直播间观众下单。

（2）思考讨论。

① 以 4 人为一小组，归纳整理产品特点，突出产品的亮点。

② 罗列出直播间营造互动氛围的常见 5 种方法。

③ 小组成员互相讨论，确定选用的互动方法。

④ 探讨并罗列具体的互动话术，选出小组代表进行直播展示。

（3）总结评价。

在直播具体实施过程中，为了更好地促进直播间销售，如何有效结合产品特点进行话术展示，增强直播间购买氛围。

2. 工作记录

（1）任务布置（2 min）。

各团队（小组）根据任务内容分配团队成员任务。

（2）资料搜集（20 min）。

各团队成员独立完成信息、资料的搜集和整理。

（3）小组讨论（5 min）。

汇总各成员的资料信息，初步形成讨论结果。

（4）总结评价（13 min）。

团队（小组）长汇总形成小组最终结论。

（5）课后实训。

各小组依其制定的直播方案，选择合适商品完成不少于 20 min 直播及互动话术演练。

3. 实施注意事项

根据直播具体计划与商品安排，直播注意事项主要包括：

（1）各小组选择合适的直播场景，独立搜集与集中讨论确定的直播演练沟通技巧，不得相互抄袭。

（2）讲解直播商品，在与观众互动过程中注意直播间沟通技巧的使用，不违反直播间语言使用规则，不使用违禁语言。

（3）直播演练过程中，严格把控现场秩序，按照真实工作场景要求团队。

（4）使用网络搜集资料时注意辨别网络信息真假，树立正确的价值观和意识形态。

（5）控制任务进度，确保达成任务质量目标。各小组在老师规定的时间范围内完成相应任务并提交任务总结。

四、任务评价

（一）成果展示

1. 各团队（小组）派代表展示任务成果

2. 其他团队（小组）提出的改进建议

（二）评估总结

1. 学生自我评估与总结

2. 团队自我评估与总结

3. 教师指导评估与总结

4. 师傅指导评估与总结

（三）团队对工作岗位“6S”处理

在团队（小组）和教师都完成工作任务总结以后，各团队（小组）必须对自己的工作岗位进行“整理、整顿、清扫、清洁、安全、素养”检查与要求；归还所借的工量具、场景道具和模拟工件。

（四）评价表

直播电商售卖任务完成情况评价如表 3-2-5 所示。

表 3-2-5 直播电商售卖任务完成情况评价表

<table>
<tr><td colspan="10">班级：________________
团队（小组）：________________
姓名：________________</td></tr>
<tr><td colspan="10">指导教师：________________ 带岗师傅：________________
日　　期：________________ 日　　期：________________</td></tr>
<tr><td rowspan="2">评价项目</td><td rowspan="2">评价标准</td><td rowspan="2">评价依据</td><td colspan="4">评价方式</td><td rowspan="2">权重</td><td rowspan="2">得分小计</td></tr>
<tr><td>学生自评(20%)</td><td>团队自评(30%)</td><td>教师导评(20%)</td><td>师傅导评(30%)</td></tr>
<tr><td>职业素养</td><td>（1）遵守规章制度、劳动纪律；
（2）按时按质完成工作任务；
（3）积极主动承担工作任务，勤学好问；
（4）保证人身安全与设备安全；
（5）工作岗位“6S”完成情况</td><td>（1）出勤；
（2）工作态度；
（3）劳动纪律；
（4）团队协作精神</td><td></td><td></td><td></td><td></td><td>0.3</td><td></td></tr>
<tr><td>专业能力</td><td>（1）熟悉直播电商售卖知识；
（2）能正确使用营销技巧介绍商品特性与买点，展示、销售商品；
（3）能正确引导用户下单，介绍平台优惠及商品折扣</td><td>（1）操作的准确性和规范性；
（2）工作页或任务实施总结完成情况；
（3）专业技能任务完成情况</td><td></td><td></td><td></td><td></td><td>0.5</td><td></td></tr>
<tr><td>创新能力</td><td>（1）在任务完成过程中能提出有一定见解的方案；
（2）在教学或生产管理上提出建议，具有创新性</td><td>（1）方案的可行性及意义；
（2）建议的可行性</td><td></td><td></td><td></td><td></td><td>0.2</td><td></td></tr>
<tr><td colspan="8">合计</td><td></td></tr>
</table>

模块四：

售后复盘

任务一 直播电商售后

任务描述

在直播过程中，粉丝消费群体无法亲自试用商品，因此商品与实物不符、货不对版、质量低劣等情况时常发生，此种情形下粉丝消费群体选择取消订单、换货甚至退货。如何让粉丝消费群体在不影响主播情况下完成换、退货或取消订单等以解决直播电商售后事宜，需要直播商家与主播等直播从业人员重视此事。嘉懿通过直播学习与实践，认为在直播电商工作过程中，直播电商售后是非常关键的，完善的售后服务对直播电商工作的满意度和树立品牌口碑起到事半功倍的作用。

嘉懿建议通过加强售后培训、建立售后服务体系、提高商品质量等方式来解决直播电商售后问题。具体来说，就是要熟练掌握售后标准工作流程，熟练查询发货进度，理性处理投诉问题，充分汇总与正确分析异常数据。作为初级直播电商工作者，一方面需要有效地进行直播工作，另一方面更需要高度重视直播后的售后，最终促成直播工作的最后完成。

任务要求

初级直播电商工作者要完成的直播电商售后任务包括：

（1）能查询产品的发货进度。

（2）能处理用户反馈的问题。

（3）能分析和汇总异常数据。

（4）能建立售后标准工作流程。

任务目标

1. 知识目标

（1）学习发货进度查询的方法。

（2）学习投诉问题处理的方法。

（3）异常数据分析汇总的方法。

（4）建立售后标准工作流程的方法。

2. 技能目标

（1）能查询发货进度。

（2）能处理投诉问题。

（3）能对异常数据分析汇总。

（4）能建立售后标准工作流程。

3. 素养目标

（1）养成服务客户与客户中心的商务习惯。

（2）坚持诚信服务客户、培养客户满意与忠诚、果断处理投诉的服务理念。

一、任务准备

（一）相关理论知识

1. 发货进度查询

以抖音直播平台为例，分别从店家与消费者两个视角来说明如何查询发货进度。

1）店家发货进度查询

（1）在电脑端查询发货进度。

第一步：在浏览器中输入“抖音后台”，选择“抖音后台-商家后台”，点击登录。用户登录方式之一如图 4-1-1 所示。也可以输入已注册的抖音账号，登录抖音后台，如图 4-1-2 所示。

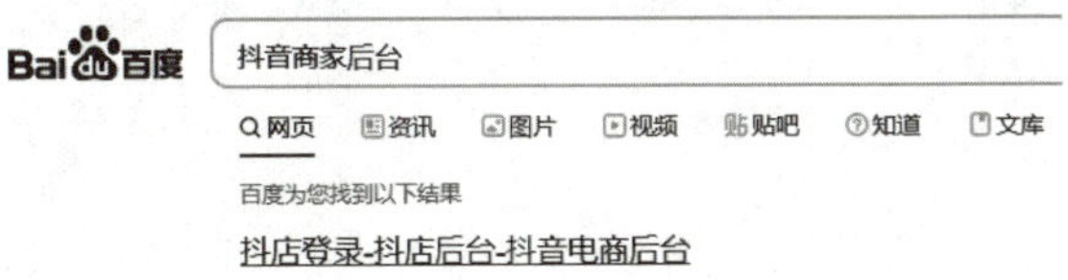

图 4-1-1　用户登录方式一

第二步：进入后台点击订单的“订单管理”，如图 4-1-3 所示。

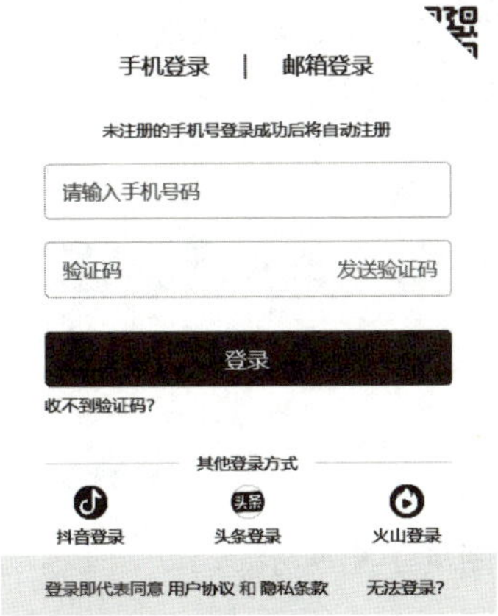

图 4-1-2　用户登录方式二

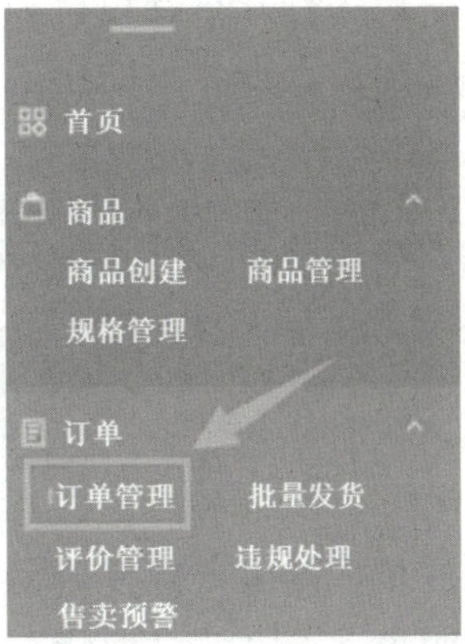

图 4-1-3　选择“订单管理”

第三步：输入“订单编号”“收货人姓名”“收货人手机”任意一个，查询对应订单，如图 4-1-4 所示。

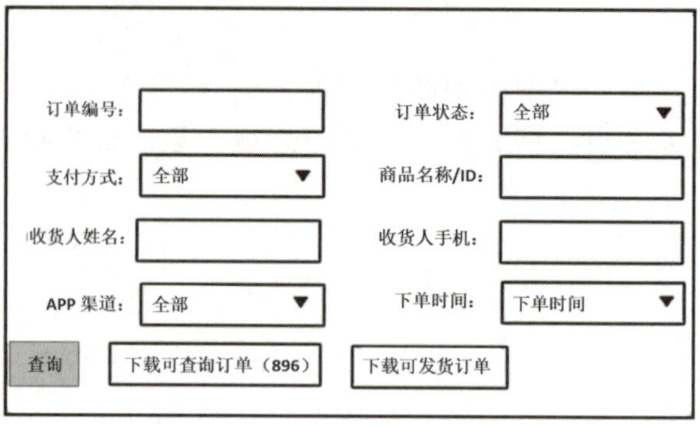

图 4-1-4　选择“订单管理”

第四步：点击“订单状态”下的“物流信息”，就可以查询到对应的物流情况，如图 4-1-5 所示。

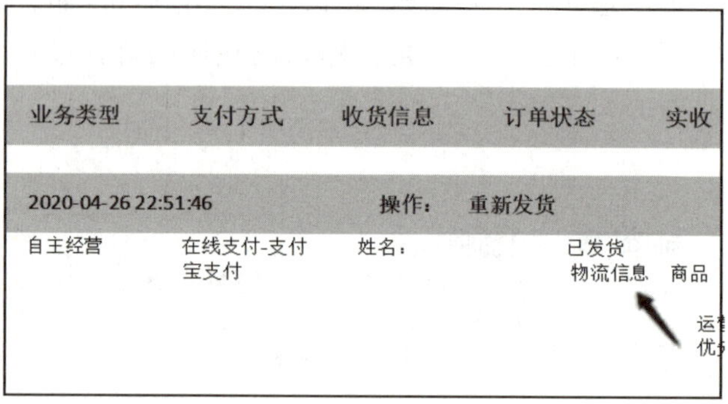

图 4-1-5　选择“物流信息”

（2）移动端查询发货进度。

第一步：打开抖音短视频，选择“我”“商品橱窗”，如图 4-1-6 所示。

第二步：点击“我的小店”“订单管理”，如图 4-1-7 所示。

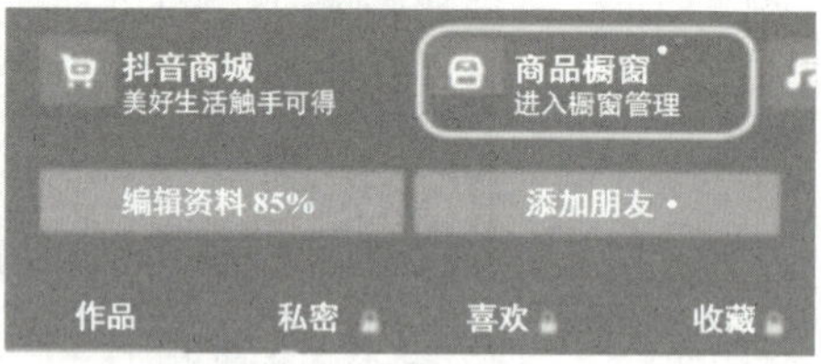

图 4-1-6　选择“商品橱窗”

图 4-1-7　选择“订单管理”

第三步：点击“待发货”，查看待发货情况，如图 4-1-8 所示。

第四步：点击“已发货”，查看已发货情况，如图 4-1-9 所示。

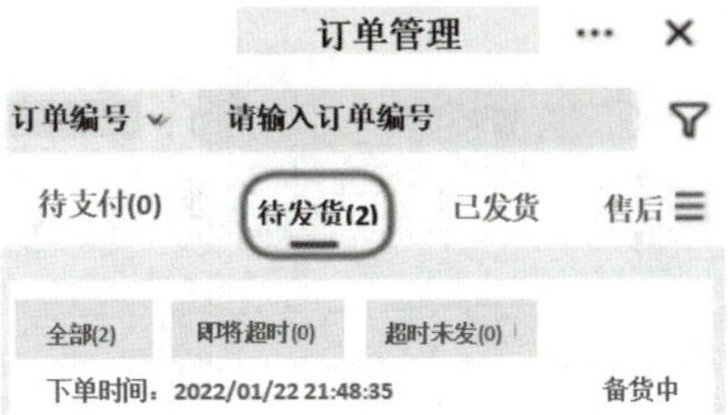

图 4-1-8　选择“待发货”

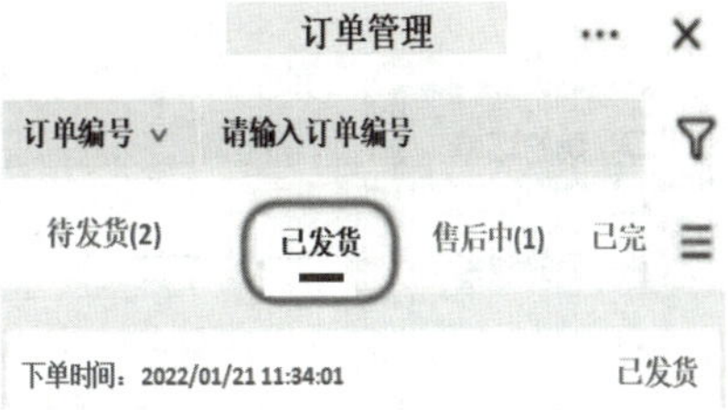

图 4-1-9　选择“已发货”

第五步：点击“售后中”查看售后中商品情况，如图 4-1-10 所示。

2）消费者查询发货进度

在移动端查询发货进度的步骤主要包括：

第一步：在移动端打开抖音 APP。在抖音窗口中，点击“我”菜单选项，如图 4-1-11 所示。

第二步：在“我”窗口中点击右上方“≡”符号，如图 4-1-12 所示。

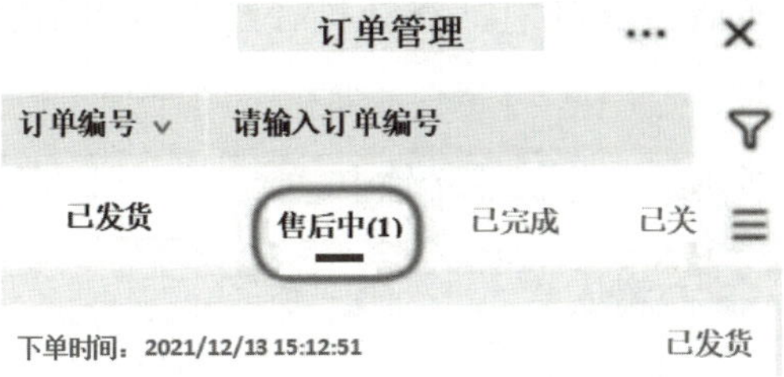

图 4-1-10　选择“售后中”

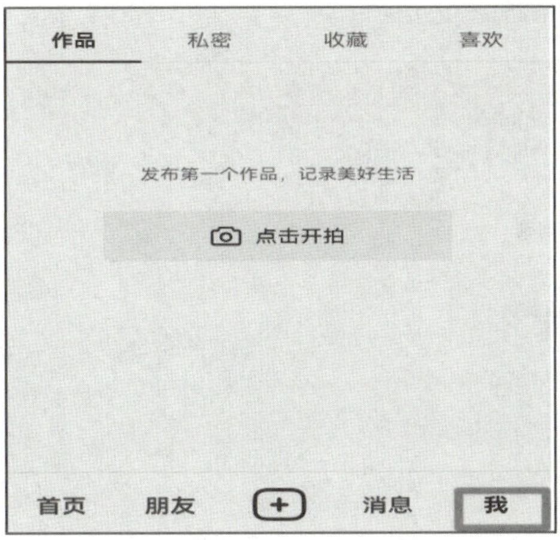

图 4-1-11　选择“我”

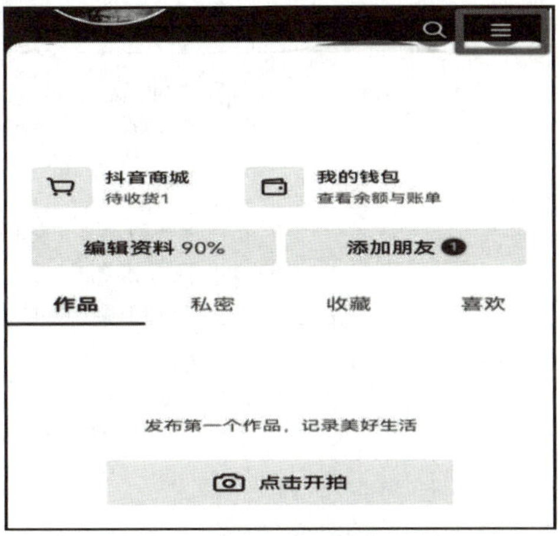

图 4-1-12　选择“≡”

第三步：在弹出窗口点击“我的订单”，如图 4-1-13 所示。

第四步：在“待收货/使用”窗口点击“查看物流”，如图 4-1-14 所示。

图 4-1-13　选择“我的订单”

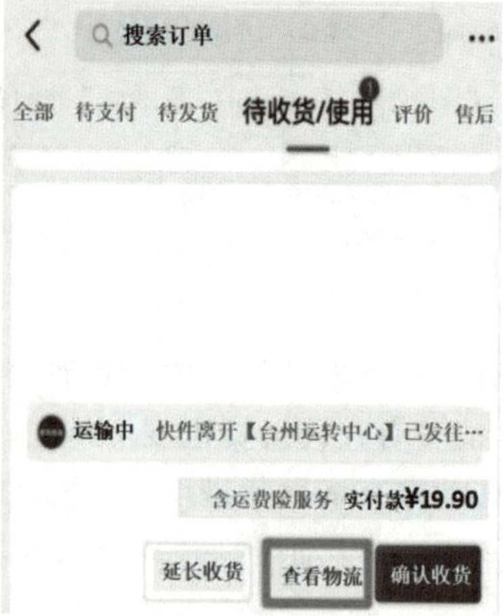

图 4-1-14　选择“查看物流”

第五步：在“订单详情”窗口中，查看抖音购物订单的物流情况，如图 4-1-15 所示。

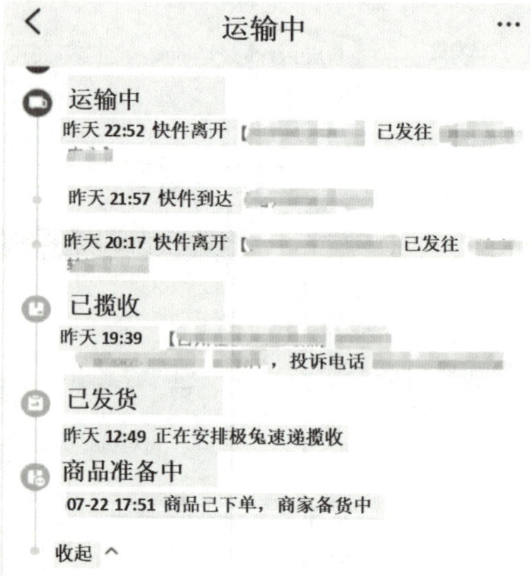

图 4-1-15　物流信息

2. 投诉问题处理

1）投诉问题类型

（1）虚假发货。

虚假发货是指重复上传物流单号，物流显示地址和客户预留地址不符合，物流信息 24 小时没有后续更新等。若出现上述情况，平台判定抖音小店存在虚假发货情况，会给予该小店相应处罚。

（2）商品质量问题。

商品质量问题是指不具备商品应当具备的功能、性能且事先未作说明的；不符合商品或者在其包装上未注明所采用商品标准的；不符合商品说明书所表述的或样品所展示质量的。

（3）售后客服服务问题。

售后客服服务问题是指作为客服人员没有及时回复消费者的问题，进而引起消费者的不满，如运费补偿问题的回复不及时等。

（4）退货退款问题。

抖音后台有关退款方式主要包括发货前仅退款、发货后仅退款、退货退款。如果在发货后应客户要求进行了退货退款还遇到客户投诉，则需要谨慎处理，如客户投诉理由是商品质量不行、商品变质等会对店铺产生较大影响，因为一个商品退款相当于十个中等差评，品退率是店铺体验分中一个很重要的考核数据；退货退款既能影响商品销量还能影响店铺的权重、流量等。

（5）物流问题。

物流问题主要包含发货不及时、物流速度慢等。商家如果遇到特殊情况不能在规定时间内发货，需要及时与客户联系，做出解释，避免遭遇投诉。

2）投诉处理步骤

直播电商客服人员在接到投诉时应及时有效地处理问题，这样不仅可以提升工作效率，还能更好地为消费者服务，营造良好的口碑。明确投诉处理步骤是及时有效处理问题的关键。投诉处理步骤主要包括：

① 耐心安抚顾客；

② 明确顾客投诉原因；

③ 给出处理建议；

④ 达成一致意见。

3）常见投诉处理沟通技巧

（1）商品质量问题沟通技巧。

请问商品出现什么问题，让您不满意呢？请您详细叙述一下遇到的问题，同时拍个照片发给我们，我们及时为您解决问题。

（2）退换货问题沟通技巧。

麻烦您将商品寄给我们，我们重新给您换一件并承担运费。给您带来不愉快的购物体验，真的十分抱歉。

（3）物流问题沟通技巧。

非常抱歉，活动期间物流繁忙，发货比较慢。您不要着急，我先联系一下快递公司，询问一下具体情况，好吗？

抱歉，给您造成麻烦了。查到您的快递还在途中，我们会在规定时间内为您配送，请您耐心等待。

总体而言，客服在接到客户的售后问题时，无论是物流问题还是商品使用问题等，第一时间需要安抚好客户情绪，并快速为客户解决问题，从而维系好与客户的关系。对于客服而言，友好的回复用语能够很好地帮助其更高效地解决客户的问题。

3. 异常数据分析汇总

抖音小店的综合评分包括商品评分、物流评分、服务评分。通常在直播电商售后出现的三类异常数据主要包括：

（1）退货率极高。

退货率极高的原因主要是直播间的用户本身就存在冲动消费，加上滤镜过重且缺少电商平台的评价参考体系，买回家发现买家秀和卖家秀差距甚大，退货自然较多。抖音现在只计算首次退货的原因，不管后来买家因为什么原因决定换货或不退货了都还是算一次退品，所以一定要重视售后服务。

（2）物流异常。

如果物流异常时及时联系物流查询异常原因，然后根据情况及时给顾客留言。在抖音电商做护肤品销售的店家钟某经常为物流问题烦恼，钟某称自己店铺内 90%的差评来自物流服务，差评原因大多是快递在中转站停留时间过长、没有送货上门等。随着抖音成为万亿 GMV（成交总额）平台后，对物流的要求也越来越高了。抖音推出的“音尊达”试图解决快递派送不电联（电话联系）、不上门、服务态度差等问题，然而“音尊达”是否能满足当下物流所需，还有待检验。

（3）客服服务评分低。

客服回复的速度慢以及顾客对客服的满意度低是客服服务评分低的主要原因。在日常客服服务过程中，需要注意回复的速度，所谓黄金 10 秒，就是顾客在发出疑问的 10 秒内客服给予回应。客服必须对店铺销售商品的相关内容要做到熟记于心，能快速回复顾客的问题，减少顾客的等待时间，才能够让顾客满意并提升转化率。

4. 售后标准工作流程内容

1）售后客服工作职责

（1）负责后台退换货审核，跟进退换货售后及时处理退款/退货。如处理快递件信息、延长快递收货时间、货物破损、补货、退货、换货、申请退款、客户维权等问题，并负责登记、跟踪。

（2）对物流发货情况进行跟踪。如果有未查到的订单，要及时与快递客服和客户沟通，主动延长发货时间。

（3）对评价进行跟踪和统计。其中的差评要单独统计，并对产生差评的原因进行分析，以便及时纠正。

（4）分析和解决紧急事件，处理客户投诉。

（5）跟进反馈问题，如定期或不定期对客户进行回访，以维护客户。

2）售后标准工作流程

售后客服每天要做的流程性工作主要包括订单查询、换货、取消订单、客服退款等。直播活动要以顾客为中心，售后工作流程是为了更好地为客户服务，在售后工作进程中不仅要注意使用常见问题解答（Frequently-Asked Questions，FAQ）标准流程化服务，同时注意人工解答。售后工作流程如图 4-1-16 所示。

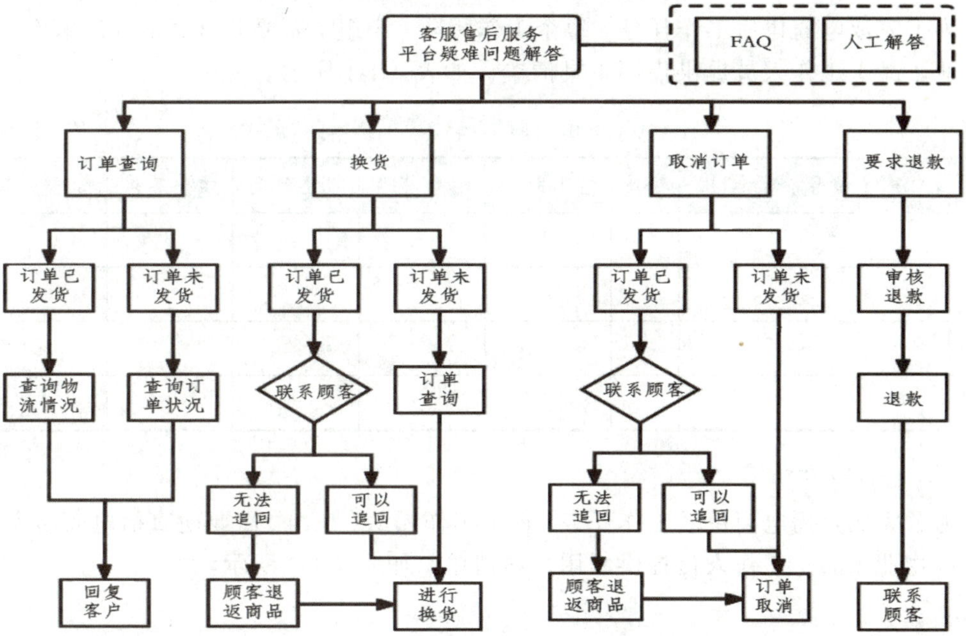

图 4-1-16　售后工作流程

（1）订单查询工作流程。

订单查询是直播售后的首要工作，是直播顺利展开的关键。在这个环节中，必须确定订单已发货或订单未发货。顾客查询订单时，客服人员须掌握订单情况与物流状态，准确回复顾客。

（2）换货工作流程。

处理顾客购物后一段时间内换货相关的事情，是客服人员重要的工作内容。客服处理换货的工作流程取决于订单是否发货。未发货状态订单的换货工作流程相对简单，只需和顾客确认后与仓库协商调换货物即可；若已发货，则需要与物流沟通并联系客户或仓库，确认可否追回，若可追回则调换货物即可，若不可追回则在顾客发回货物后重新给顾客发货。

（3）取消订单工作流程。

取消订单也是公平交易赋予顾客的权利，因此客服人员要积极处理订单取消相关工作。客服处理订单取消的工作流程取决于订单是否发货。若未发货则不发货即可；若已发货，则需要与物流沟通并联系客户或仓库，确认可否追回，若可追回则完成取消订单工作流程，若不可追回则在顾客发回货物后完成取消订单工作流程。

（4）客服退款工作流程。

客户取消订单或退货，在完成相关工作流程并成功退款后，客服人员应及时联系客户接收退款。

（二）设备、工具准备

为了完成电商售后工作任务，每个工作团队（小组）需要向直播电商店家（公司）内物业（品）工作人员提供借用工具清单，如表 4-1-1 所示。

表 4-1-1　直播电商售后任务借用工具清单

序号	名称（型号、规格）	数量	借出时间	学生签名	归还时间	学生签名	管理员签名
1							
2							
3							
4							

（三）材料准备

为了完成直播电商售后工作任务，每个工作团队（小组）需要向直播电商店家（公司）内物业（品）工作人员提供领用材料清单，如表 4-1-2 所示。

表 4-1-2　任务领用材料清单

序号	名称（型号、规格）	数量	借出时间	学生签名	归还时间	学生签名	管理员签名
1							
2							
3							
4							

（四）团队（小组）方案

按销售服务内容，将学生分为若干个团队（小组），每个团队（小组）根据工位要求由 3 ~ 5 人组成，指定 1 人为团队（小组）长、2 人为材料管理员，材料管理员负责材料领取分发，团队（小组）长负责组织本组相关任务的计划、讨论汇总及实施，填写本团队（小组）成员工作任务实施过程中的相关记录表。

二、制订工作计划

（一）拟订任务安排

1. 任务下达

2. 任务目的与描述

3. 任务完成条件

4. 任务过程（完成流程）

5. 阶段任务成果

6. 任务完成成果

（二）任务工单

任务工单如表 4-1-3 所示。

表 4-1-3　直播电商售后任务工单

任务名称				任务用时		直播室号（工区）	
组　别		组长		指导教师		指导师傅	
任务人姓名		任务年月		团队成绩		个人成绩	
任务设备				任务场所		完成时长	
任务描述							
任务要求							
实施记录							
任务结论							
任务检查		组长检查		教师检查		师傅检查	

三、任务实施

(一)任务内容

1. 发货进度查询

(1)售后客服如何查询店铺中的订单发货进度?

(2)售后客服如何指导消费者查询发货进度?

2. 投诉问题处理

(1)投诉的问题类型有哪些?

(2)投诉处理的步骤有哪些?

(3)常见的投诉处理沟通技巧有哪些?

3. 常数据的类型和原因是什么?

4. 售后标准工作流程建立

(1)售后客服的工作职责是什么?

(2)售后客服的工作流程是什么?

(二)工作任务实施

1. 工作展开

1)任务背景

嘉懿与自己的团队完成了一场服装直播,销售了 1 000 单,由于单量过大,现在需要处理一些售后问题。假设你是嘉懿团队中的售后客服,思考你可能遇见的售后问题有哪些,该如何去应对这些问题。

2)思考讨论

(1)4 人为一小组,查询订单发货进度。

(2)小组成员共同罗列出可能遇见的售后问题。

(3)上网搜集整理资料,参考相关沟通技巧内容。

(4)小组讨论,编写投诉处理回复沟通技巧。

(5)小组角色扮演,模拟对话。

(6)组内评价此次工作任务的优点与缺点。

3)总结评价

一场直播活动的结束,并不意味着整场直播的结束。直播售后问题解决好,一方面能增加顾客的回头率,另一方面也能提升公司口碑,吸引更多的新顾客。

2. 工作记录

1）任务布置

小组根据任务内容分配团队成员任务，如由谁负责记录小组讨论的内容等。

2）资料搜集

各团队成员独立完成新资料的搜集和整理，委派一名成员进行整合资料。

3）小组讨论

汇总各成员的信息资料后，开始编写相关沟通技巧，完成角色扮演。

4）总结评价

小组形成最终结论，组内评价，罗列此次任务的优缺点。

3. 实施注意事项

根据具体的直播计划与商品安排，直播注意事项主要包括：

（1）注意用电安全以及正确、合理使用相关设备设施。

（2）直播结束后要特别注意进行售后工作，重点放在发货进度查询、投诉问题处理、异常数据类型及原因分析等方面，并按标准工作流程做好售后客服工作。

（3）独立搜集相关信息，集中讨论。

（4）准确理解任务要求，制订好工作计划，逐项填写任务工单，做好任务评价。

（5）控制任务进度，确保达成任务质量目标，各小组在老师规定的时间范围内完成相应任务并提交任务总结。

四、任务评价

（一）成果展示

1. 各团队（小组）派代表展示任务成果

2. 其他团队（小组）提出的改进建议

（二）评估总结

1. 学生自我评估与总结

2. 团队自我评估与总结

3. 教师指导评估与总结

4. 师傅指导评估与总结

（三）团队对工作岗位“6S”处理

在团队（小组）和教师都完成工作任务总结以后，各团队（小组）必须对自己的工作岗位进行“整理、整顿、清扫、清洁、安全、素养”检查；归还所借的工量具、场景道具和模拟工件。

（四）评价表

直播电商售后任务完成情况评价如表 4-1-4 所示。

表 4-1-4　直播电商售后任务完成情况评价表

班级：____________________

团队（小组）：____________________

姓名：____________________

指导教师：____________________　带岗师傅：____________________

日　　期：____________________　日　　期：____________________

评价项目	评价标准	评价依据	评价方式				权重	得分小计
			学生自评(20%)	团队自评(30%)	教师导评(20%)	师傅导评(30%)		
职业素养	（1）遵守规章制度、劳动纪律； （2）按时按质完成工作任务； （3）积极主动承担工作任务，勤学好问； （4）保证人身安全与设备安全； （5）工作岗位“6S”完成情况	（1）出勤； （2）工作态度； （3）劳动纪律； （4）团队协作精神					0.3	
专业能力	（1）熟悉直播电商售后相关知识； （2）能根据客户类型处理客户投诉问题，正确查询商品发货进度与异常数据的分析汇总； （3）能正确建立售后标准工作流程	（1）操作的准确性和规范性； （2）工作页或任务实施总结完成情况； （3）专业技能任务完成情况					0.5	
创新能力	（1）在任务完成过程中能提出有一定见解的方案； （2）在教学或生产管理上提出建议，具有创新性	（1）方案的可行性及意义； （2）建议的可行性					0.2	
合计								

任务二 直播电商复盘

任务描述

在直播电商工作结束后，不仅要注意做好直播电商售后工作，同时也要进行直播复盘工作。使用统计软件对产生的数据进行采集、复核，注意发现与分析相关问题，以优化直播的营销方案，提升直播电商效率。

嘉懿在完成直播后，团队的一位成员告诉嘉懿，今天直播间的粉丝增长数量较前段时间有所降低，甚至在直播中途出现批量离开的现象，导致此次直播的销量较以前大幅度降低。嘉懿分析发现，其他直播间每天的直播都有所变化，这应该是进行了直播复盘的原因。那么应该怎么去看直播数据？怎么针对数据进行复盘？如何通过复盘来优化营销方案？嘉懿和她的团队却束手无措，朋友们，你们愿意加入嘉懿的团队，帮助他们解决这些问题吗？

任务要求

初级直播电商工作者进行直播电商复盘任务包括：

（1）能采集营销数据。

（2）能使用统计软件统计营销数据。

（3）能对售前预测数据进行复核。

（4）能通过复盘优化营销方案。

任务目标

1. 知识目标

（1）学习直播电商统计软件的使用方法。

（2）学习直播电商数据采集与复核的方法。

（3）学习直播电商营销方案优化的方法。

2. 技能目标

（1）能使用直播电商统计软件。

（2）能采集与复核直播电商数据。

（3）能优化直播电商营销方案。

3. 素养目标

（1）养成直播电商工作中的数据思维习惯。

（2）养成使用信息工具处理直播电商业务的工作习惯。

（3）养成利用数据分析工具分析市场和客户消费的习惯。

（4）培养制订、优化营销方案的理念。

一、任务准备

（一）相关理论知识

1. 数据采集

1）直播数据

一般在直播活动结束后，需要及时了解掌握直播活动整体与细节情况，掌握观众对直播质量与效果的反馈意见，因而需要有效利用直播平台提供的直播分析工具获取直播数据报告，该报告的数据指标包括观看人数、互动参与度、销售数据、用户评论等。

2）复盘直播内容

借助直播分析工具获取的直播数据报告，评估直播节奏、讲述技巧、商品展示、互动环节等表现，对比分析能够吸引粉丝的或者需要改进调整的直播环节。在复盘直播过程的整体与细节时，将其中的成功经验与失误教训及时、准确完整地记录下来，为改进、完善后续直播提供参考。

3）分析销售数据

对特定时段直播数据报告进行分析的内容主要包括：

（1）销售表现最好的商品或服务有哪些？

（2）直播中存在销售瓶颈的环节有哪些？

（3）存不存在潜在的销售机会？

通过上述分析寻找商品直播销售推广的薄弱点与改进点，提升销售的转化率。

4）目标比较与结果

评估直播的销售效果、观众互动程度等指标是否达到预期。如果达到直播营销目标，肯定并总结取得成功的做法与流程，激励直播团队。如果没有达到直播营销目标，找出产生差异的原因，提出完善的整改措施。

2. 统计软件使用

复盘即总结电商罗盘数据，从数据图中查找直播中存在问题，以优化后续的直播。通过复盘有针对性地发现问题并提出相应的解决方案。

目前直播复盘软件种类繁多，但基本功能都相同。为了提升数据精度与真实性，可以综合应用多种复盘软件。常用的复盘软件主要包括：

（1）巨量百应——数据参谋，可以看到每一场直播的列表数据。

巨量百应（Buyin 巨量百应）是抖音电商旗下的内容营销综合服务平台，该平台以直播、短视频等激发消费者购物需求的内容场景为核心，为电商达人、机构、商家等生态伙伴（即抖音带货机构，抖音服务商）提供人货撮合、直播中控、机构/基地经营等商品矩阵，打造兴趣电商领域前沿的商品解决方案。巨量应复盘软件如图 4-2-1 所示。

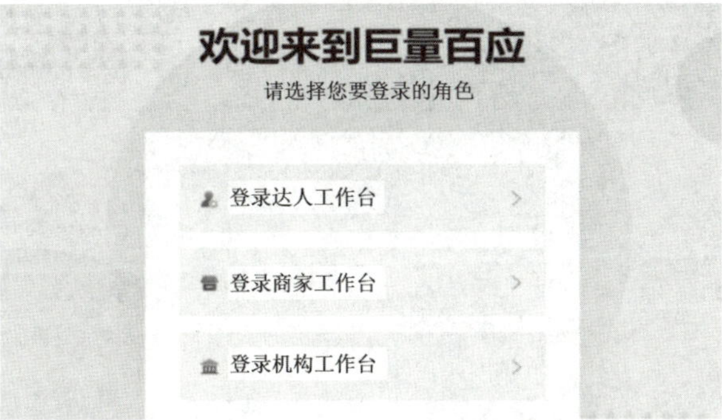

图 4-2-1　巨量百应

（2）电商罗盘——商家视角、达人视角、机构视角。

图 4-2-2　抖音电商罗盘

抖音电商罗盘为抖音电商官方权威多视角全方位统一的数据平台，如图 4-2-2 所示，支持三类角色查看数据：商家、达人、机构。不同角色可查看的数据内容及主要操作入口不同，支持登录后切换角色使用，其功能主要包括：

① 数据分析功能主要包括核心数据、直播分析、实时分析、短视频分析、商品分析、达人分析、服务分析、物流分析、商家体验分析、商家分析、交易分析、直播大屏等。

② 数据诊断功能主要包括经营诊断、服务诊断、直播诊断。

③ 基础功能主要包括账号中心、帮助中心。

（3）数据主屏——单场直播带货详细数据。

抖音电商数据主屏指抖音电商平台中的实时数据展示界面，通过它能够了解到商品的销量、评价、热度等数据信息。这些数据信息不仅可以帮助客户更好地选择合适的商品，还可为商家提供市场分析和制订销售策略的依据。使商家通过数据主屏实时了解商品销售情况、调整商品库存与价格、优化商品推广策略，提高销售额和用户满意度。直播数据显示如图 4-2-3 所示。

单场直播期间，可随时关注各项数据如人气趋势、互动趋势、商品转化趋势等，并且通过这些数据指标可调整与改进后期直播策略。

图 4-2-3　直播数据显示

（4）第三方平台数据——通过第三方数据平台查看、对比账号的直播数据。

借助第三方数据平台，如“五维四率”诊断工具（五维：直播间曝光人数、直播间进入人数、商品曝光人数、商品点击人数、商品成交人数；四率：直播间点击率、商品曝光率、商品点击率、点击支付率），可以查看账号的优势和劣势。在“巨量创意”的“创意灵感”中，选择“创意工具”选项卡的“五维四率诊断工具”，填写直播的五维数据，鼠标单击“诊断”就可对直播状况进行诊断，如图 4-2-4 所示。

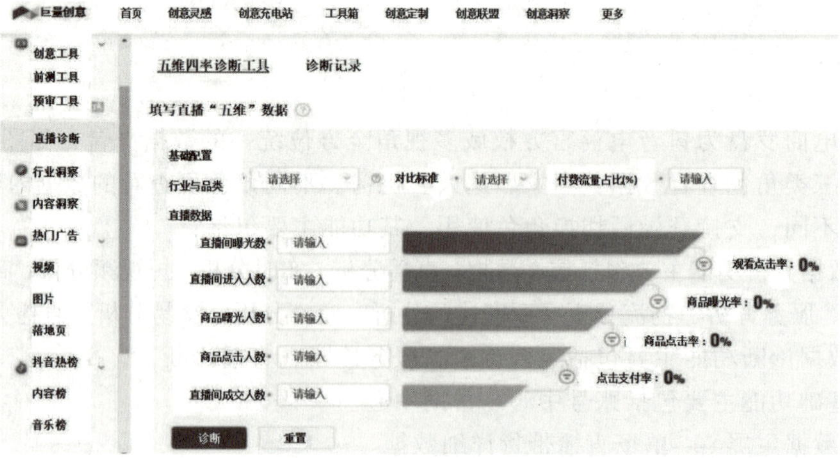

图 4-2-4　五维四率诊断工具

在图 4-2-4 所示的五维四率诊断工具页面，在“基本配置”栏填写对应数据，如“直播间曝光数”填写 10 000，“直播间进入人数”填写 3 692，“商品曝光人数”填写 2 988，“商品点击人数”填写 1 902，“直播间成交人数”填写 55，则呈现对应“四率”如“观看点击率：36.92%”“商品曝光率：80.93%”“商品点击率：63.65%”“点击支付率：2.89%”，鼠标单击“诊断”，则其诊断结果与建议如图 4-2-5 所示。

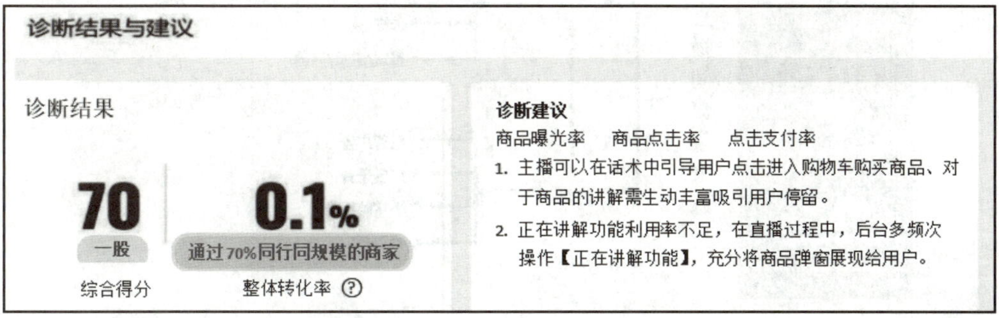

图 4-2-5　诊断结果与建议

3. 数据复核

在抖音的“电商罗盘”中的“直播明细”菜单下，能够查看到近 90 日所有直播数据，并进行了相关分析。点击进入一场“直播数据详情”后，在“直播间数据分析”下可以查看“实时趋势”“流量转化”“商品列表”“用户画像”等数据分析用的功能。

1）实时趋势

“实时趋势”用来复盘该场直播的流量承接与转化的变动趋势，分析寻找流量优化调整方向。软件系统的“实时趋势”模块设置了人气、互动、商品和订单四大指标，重点考核直播流量变动趋势并依此数据进行流量分配。

四个指标具体的数据内容主要包括：

（1）人气指标即直播间流量体现的是内容互动与商品展现的放大与校准，具体指标包括直播间观看人次、直播间观看人数、最高在线人数、平均在线人数等。

② 互动指标即内容兴趣体现：具体指标包括用户平均停留时长（观看时间大于 1 min）、评论次数、点赞次数、新增粉丝数、新加团人数等。

③ 商品指标即商品兴趣体现：具体指标包括带货商品数、商品价格、商品曝光人数、商品点击人数、订单生成数等。

④ 订单指标即变现效率体现的是内容互动与商品展现的促进与实现：具体指标包括直播期间成交订单数、成交转化率（点击—提交）、直播期间成交额、直播期间成交件数、千次曝光价值、UV 价值（成交额/看播人数）等。

2）流量转化分析

“流量转化”用来复盘本场直播流量健康度，即分析判断直播流量来源或入口。通常免费流量与付费流量共同组成了直播间流量，其中“免费流量”最主要来源是“直播推荐”与“短视频推荐”，而在“直播推荐”中的“推荐 feed 流”占默认推荐页流量比例最高。直播间流量来源如图 4-2-6 所示。

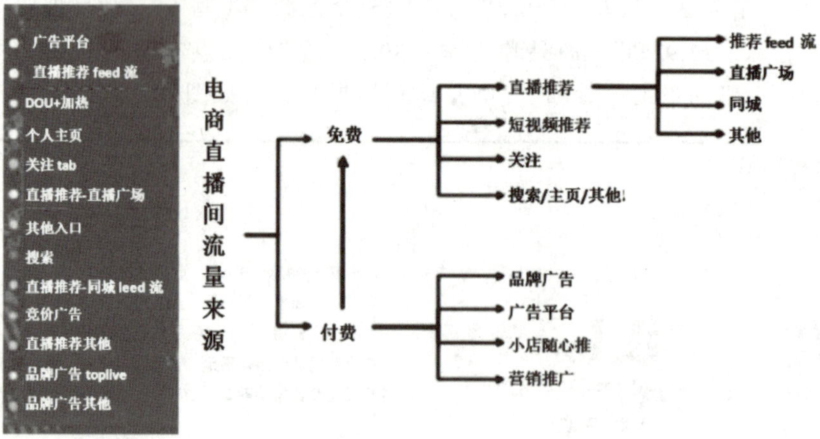

图 4-2-6　直播间流量来源

3）商品列表分析

“商品列表”用于复盘本场直播商品售卖情况，优化直播间内的选品、组品及主播的商品沟通技巧。此类分析可以评价该场直播中各商品的转化情况，具体体现在基于商品转化漏斗点击的曝光相关、点击相关、转化相关等关键指标来获取具体的数据，从而找到畅销品、潜力品和滞销品。商品列表如图 4-2-7 所示。

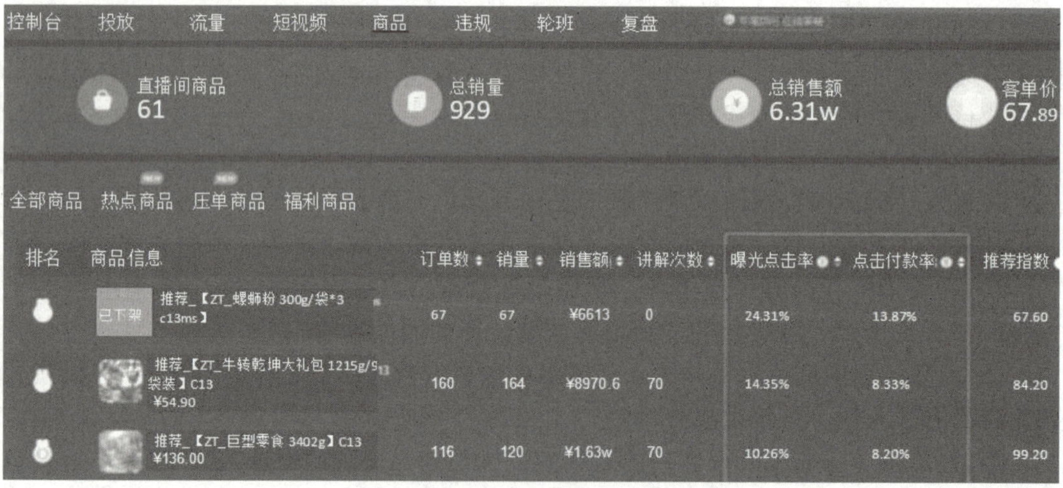

图 4-2-7　商品列表

转化中存在的问题主要包括选品问题、比价问题、非刚需、流量不精准、卖点形容不突出等。如果商品的转化率较低，判断是不是选择的商品与账号粉丝的画像存在差别，无法吸引观众购买；或者是客单价、性价比上出现了问题，需要更新商品的活动。转化数据如图 4-2-8 所示。

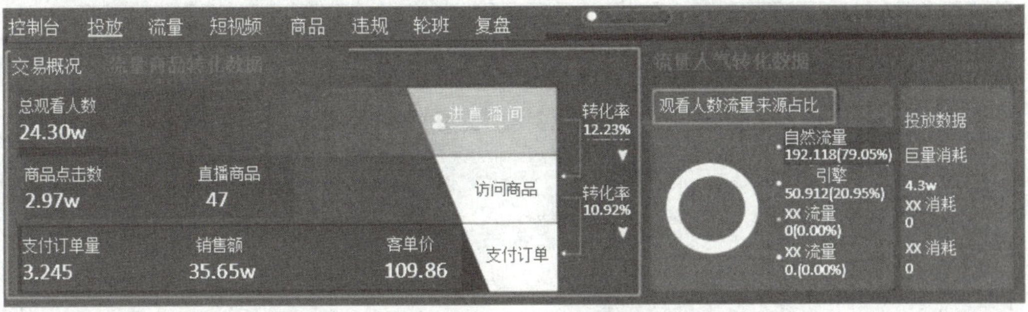

图 4-2-8　转化数据

4）用户画像

“用户画像”用来对该场直播的看播、购买用户进行复盘，基于用户画像判断直播间标签的准确度。在罗盘提供的用户分析模块中能得到的信息比较少，通常做法是对比直播用户的用户画像和购买的用户画像，避免存在较大的差异。个人数据分析如图 4-2-9 所示。

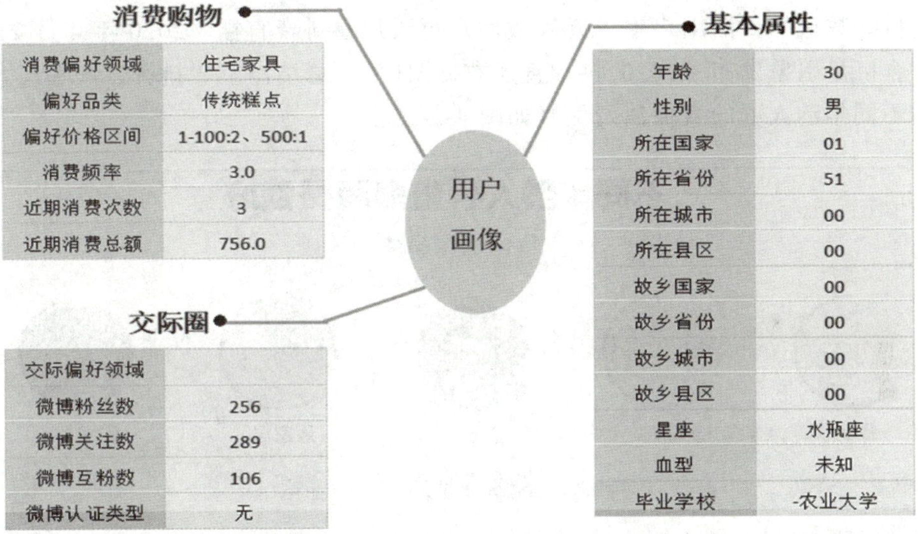

图 4-2-9　个人数据分析

从用户角度看，主播和看播的用户画像呈现出“年轻化特征明显，地域分布相近”的特点。根据《2020 抖音直播数据图谱》介绍，主播以 24～30 岁群体为主，而 31～40 岁的看播用户占比最高。不同人群直播偏好存在明显差异：80 后人均观看时长最长，90 后直播评论互动性最强，95 后人均发送道具次数最多；男性较偏好游戏直播，女性偏好时尚内容；主播和看播用户的城市级别分布基本一致，以二线、三线和四线城市为主。群体客户画像如图 4-2-10 所示。

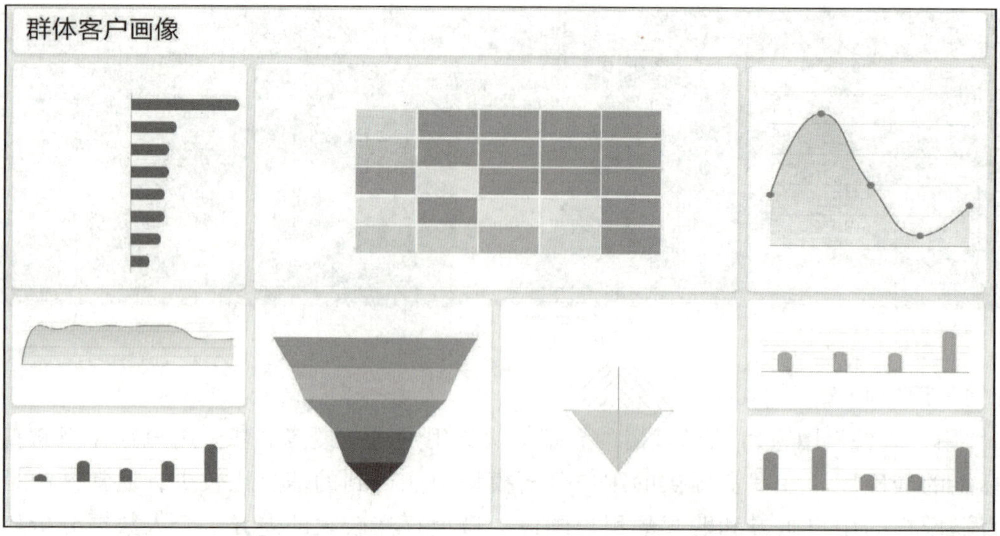

图 4-2-10　群体客户画像

在抖音数亿的日活用户中，近 6 成用户每天观看抖音直播。2020 年 4 月 21 日，抖音联合巨量引擎发布《2020 抖音直播数据图谱》，总结淘宝、抖音、快手三大直播平台的不同年龄人群的直播消费偏好如图 4-2-11 所示。

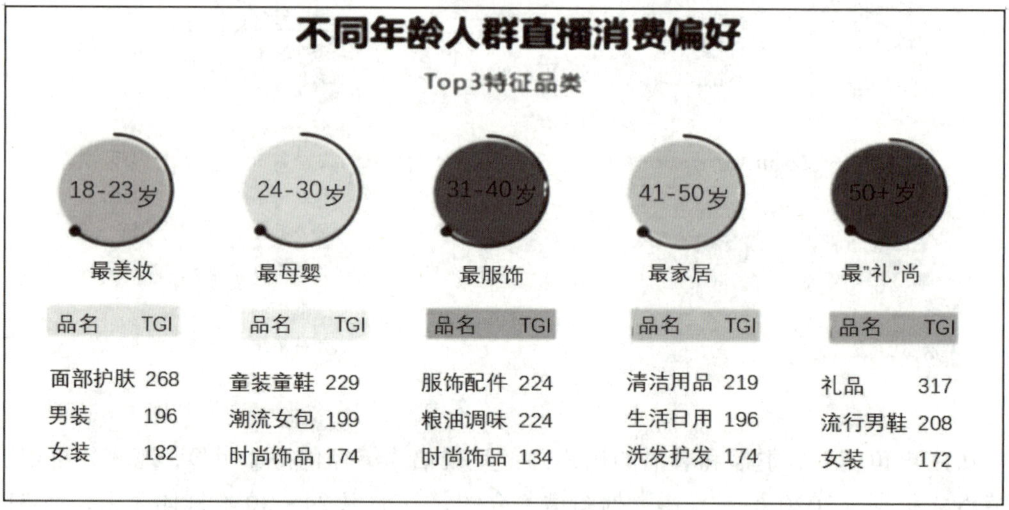

图 4-2-11　不同年龄人群直播消费偏好

4. 营销方案优化

根据直播粉丝消费前、中、后的行为痕迹，使用大数据分析工具进行归类整合。具体可从流量入口、加入购物车至支付完成时长、消费前互动、支付方式、售后咨询、主动评价等数据指标将粉丝消费群体进行归类划分，从而进行直播营销方案优化。

1）加强品牌推广

在直播中，品牌推广是一项非常重要的任务。通过直播平台进行合作推广，可以让更多的受众关注到自己的品牌，从而提升品牌知名度和美誉度。同时，加强品牌形象的塑造也是直播推广的核心内容。要想在网络直播中赢得消费者的关注和认可，需要注重营造愉悦的用户体验，在直播中赢得粉丝的掌声和称赞。这样，可以树立一种良好的品牌形象，给人们留下良好的用户体验。

2）定制直播内容

营销者根据自身优势和商品属性特点规划好直播内容，将用户的需求和自身的宣传目的相结合。最好选择优化的直播时间，能够获得更好的观众收视率。同时，直播中要注重创新性，提升直播过程趣味性和观赏性，激发观众的情感共鸣，这样有很好的持续性和黏结力。

3）进行观众划分

营销者需要对目标观众进行深入了解，并根据不同的观众类型精准定位直播内容和传播的重点。不同观众的需求和喜好也是不同的，只有了解目标观众，才能真正地做到量身定制。

4）激发用户兴趣

网络直播具有很强的互动性，可以在进行营销优化时注意营造愉悦的用户互动氛围。在直播过程中要积极推动互动和反馈，鼓励用户发表评论、点赞、打赏等，让用户成为参与者和共建者。在直播中涉及一些商业与实际情况的话题或信息，必须符合道德经营理念和法律规定。

总之，网络直播已经成为企业营销的一种重要方式。对于企业而言，如何制订更优化策略成为企业长期关注的问题。为了在激烈的市场竞争中占据有利地位，企业需要制订科学可行的网络直播优化策略，需要在策略制订、直播内容、观众定位、互动氛围、数据标准等方面作出科学的分析，不断推动营销创新，提升品牌知名度和美誉度，才能取得优异的市场表现。

（二）设备、工具准备

为了完成直播电商复盘工作任务，每个工作团队（小组）需要向直播电商店家（公司）内物业（品）工作人员提供借用工具清单，如表 4-2-1 所示。

表 4-2-1　直播电商复盘任务借用工具清单

序号	名称（型号、规格）	数量	借出时间	学生签名	归还时间	学生签名	管理员签名
1							
2							
3							
4							

（三）材料准备

为了完成直播电商复盘工作任务，每个工作团队（小组）需要向直播电商店家（公司）内物业（品）工作人员提供领用材料清单，如表 4-2-2 所示。

表 4-2-2　任务领用材料清单

序号	名称（型号、规格）	数量	借出时间	学生签名	归还时间	学生签名	管理员签名
1							
2							
3							
4							

（四）团队（小组）方案

按销售服务内容，将学生分为若干个团队（小组），每个团队（小组）根据工位要求由 3～5 人组成，指定 1 人为团队（小组）长、2 人为材料管理员，材料管理员负责材料领取分发，团队（小组）长负责组织本组相关任务的计划、讨论汇总及实施，填写本团队（小组）成员工作任务实施过程中的相关记录表。

二、制订工作计划

（一）拟订任务安排

1. 任务下达

2. 任务目的与描述

3. 任务完成条件

4. 任务过程（完成流程）

5. 阶段任务成果

6. 任务完成成果

（二）任务工单

任务工单如表 4-2-3 所示。

表 4-2-3　直播电商复盘任务工单

任务名称				任务用时		直播室号（工区）	
组　别		组长		指导教师		指导师傅	
任务人姓名		任务年月		团队成绩		个人成绩	
任务设备				任务场所		完成时长	
任务描述							
任务要求							
实施记录							
任务结论							
任务检查		组长检查		教师检查		师傅检查	

三、任务实施

（一）任务内容

1. 数据搜集有哪些要求？

2. 统计软件使用

（1）什么是复盘数据？

（2）简介常用复盘数据工具。

3. 数据复核

（1）说明“实时趋势”及其四个指标。

（2）说明“流量转化”及其构成。

（3）说明“商品列表”及其作用。

（4）说明“用户画像”及其使用。

4. 如何优化直播营销方案？

（二）工作任务实施

1. 工作展开

1. 工作展开

（1）搜集资料：从电商罗盘、蝉管家和巨量百应等直播电商工具中搜集关于直播数据复盘资料，同时注意搜集嘉懿直播间数据。

（2）数据复核：对搜集到的数据进行整理，从实时趋势、流量转化、商品列表等方面进行分析、对比、复核。

（3）思考讨论：以小组为单位，对复核的数据进行整理、讨论。

（4）总结优化：对讨论结果进行总结，形成直播优化建议。

2. 工作记录

（1）任务布置（3 min）。

各团队（小组）长根据任务内容分配团队成员任务。

（2）数据搜集（10 ~ 15 min）。

各团队成员独立完成数据的收集和整理、复核。

（3）小组讨论（7 min）。

汇总讨论各成员搜集、复核的数据，形成初步的结论。

（4）总结优化（3 min）。

团队（小组）长汇总，形成直播营销优化建议方案。

3. 实施注意事项

根据直播具体计划与商品安排，直播注意事项主要包括：

（1）注意用电安全以及正确、合理使用相关设备设施设备。

（2）使用网络直播平台搜集儿童服装商品直播数据时，注意入驻直播平台如淘宝、快手、抖音等提供的数据复盘工具选用，辨别不同直播平台数据复盘工具指标的差别，搜集适当数据，为真实客观而准确解读数据优化直播营销方案奠定基础。

（3）独立搜集，集中讨论，不得相互抄袭。

（4）准确理解任务要求，制订好工作计划，逐项填制任务工单，做好任务评价。

（5）控制任务进度，确保达成任务质量目标，各小组在老师规定的时间范围内完成相应任务并提交任务总结。

四、任务评价

（一）成果展示

1. 各团队（小组）派代表展示任务成果

2. 其他团队（小组）提出的改进建议

（二）评估总结

1. 学生自我评估与总结

2. 团队自我评估与总结

3. 教师指导评估与总结

4. 师傅指导评估与总结

（三）团队对工作岗位“6S”处理

在团队（小组）和教师都完成工作任务总结以后，各团队（小组）必须对自己的工作岗位进行“整理、整顿、清扫、清洁、安全、素养”检查；归还所借的工量具、场景道具和模拟工件。

（四）评价表

直播电商复盘任务完成情况评价如表 4-2-4 所示。

表 4-2-4　直播电商复盘任务完成情况评价表

<table>
<tr><td colspan="10">班级：________________
团队（小组）：________________
姓名：________________</td></tr>
<tr><td colspan="10">指导教师：________________　带岗师傅：________________
日　　期：________________　日　　期：________________</td></tr>
<tr><td rowspan="2">评价项目</td><td rowspan="2">评价标准</td><td rowspan="2">评价依据</td><td colspan="4">评价方式</td><td rowspan="2">权重</td><td rowspan="2">得分小计</td></tr>
<tr><td>学生自评(20%)</td><td>团队自评(30%)</td><td>教师导评(20%)</td><td>师傅导评(30%)</td></tr>
<tr><td>职业素养</td><td>（1）遵守规章制度、劳动纪律；
（2）按时按质完成工作任务；
（3）积极主动承担工作任务，勤学好问；
（4）保证人身安全与设备安全；
（5）工作岗位“6S”完成情况</td><td>（1）出勤；
（2）工作态度；
（3）劳动纪律；
（4）团队协作精神</td><td></td><td></td><td></td><td></td><td>0.3</td><td></td></tr>
<tr><td>专业能力</td><td>（1）熟悉直播电商复盘知识；
（2）能根据直播电商复盘要求，正确使用流量软件，有效进行直播电商数据采集与复核；
（3）能通过复盘提出营销方案的优化建议</td><td>（1）操作的准确性和规范性；
（2）工作页或任务实施总结完成情况；
（3）专业技能任务完成情况</td><td></td><td></td><td></td><td></td><td>0.5</td><td></td></tr>
<tr><td>创新能力</td><td>（1）在任务完成过程中能提出有一定见解的方案；
（2）在教学或生产管理上提出建议，具有创新性</td><td>（1）方案的可行性及意义；
（2）建议的可行性</td><td></td><td></td><td></td><td></td><td>0.2</td><td></td></tr>
<tr><td colspan="8">合计</td><td></td></tr>
</table>

附　录

附录 1

人力资源社会保障部办公厅 中央网信办秘书局 国家广播电视总局办公厅 关于颁布互联网营销师国家职业技能标准的通知

人社厅发〔2021〕79 号

各省、自治区、直辖市人力资源社会保障厅（局）、网信办、广播电视局，新疆生产建设兵团人力资源社会保障局、网信办、文化体育广电和旅游局：

根据《中华人民共和国劳动法》有关规定，人力资源社会保障部、中央网信办、国家广播电视总局共同制定了互联网营销师国家职业技能标准，现予颁布施行。

人力资源社会保障部办公厅
中央网信办秘书局
国家广播电视总局办公厅
2021 年 10 月 15 日

互联网营销师国家职业技能标准目录

序号	职业编码	职业名称
1	4-01-02-07	互联网营销师

互联网营销师国家职业技能标准（仅摘录 5-3 级）
（2021 年版）

1. 职业概况

1.1 职业名称

互联网营销师[①]。

1.2 职业编码

4-01-02-07

1.3 职业定义

在数字化信息平台上，运用网络的交互性与传播公信力，对企业产品进行营销推广的人员。

1.4 职业技能等级

本职业共设五个等级，分别为：五级/初级工、四级/中级工、三级/高级工、二级/技师、一级/高级技师。

其中，选品员、直播销售员、视频创推员三个工种设五个等级，分别为：五级/

[①] 本职业分为选品员、直播销售员、视频创推员、平台管理员四个工种。

初级工、四级/中级工、三级/高级工、二级/技师、一级/高级技师。

平台管理员设三个等级，分别为：五级/初级工、四级/中级工、三级/高级工。

1.5 职业环境条件

室内、外，具有稳定的网络或移动信号。

1.6 职业能力特征

具有较强的学习、理解、分析、计算及判断能力，具有一定的空间感，色觉正常、语言表达正常，手指、手臂灵活，形体动作协调性好。

1.7 基本文化程度

初中毕业（或相当文化程度）。

1.8 培训参考学时

五级/初级工不少于 120 标准学时，四级/中级工不少于 104 标准学时，三级/高级工不少于 88 标准学时；二级/技师、一级/高级技师不少于 72 标准学时。

1.9 职业技能鉴定要求

1.9.1 申报条件

具备以下条件之一者，可申报五级/初级工：

（1）累计从事本职业或相关职业[①]1 年（含）以上。

（2）经本职业或相关职业五级/初级工正规培训达规定标准学时，并取得结业证书。

（3）本职业或相关职业学徒期满。

具备以下条件之一者，可申报四级/中级工：

（1）取得本职业或相关职业五级/初级工职业资格证书（技能等级证书）后，累计从事本职业或相关职业工作 3 年（含）以上。

（2）累计从事本职业或相关职业工作 4 年（含）以上。

（3）累计从事本职业或相关职业工作 2 年（含）以上，经本职业四级/中级工正规培训达规定标准学时，并取得结业证书。

（4）取得技工学校本专业或相关专业[②]毕业证书（含尚未取得毕业证书的在校应

[①] 相关职业：电子商务师、营销员、市场营销专业人员、商务策划专业人员、广告设计师、品牌专业人员、文化经纪人、播音员、讲解员、节目主持人、数字媒体艺术专业人员、网络编辑、摊商、经济与代理专业人员、管理咨询专业人员、数据分析处理工程技术人员、装饰美工、印前处理和制作员、制图员、商业摄影师、演出监督、陈列展览设计人员、导游、会展策划专业人员、会展设计师等，下同。

[②] 本专业或相关专业：市场营销、市场营销教育、电子商务、电子商务及法律、跨境电子商务、工商管理、计算机动漫与游戏制作、客户信息服务、网站建设与管理、广播影视节目制作、播音与节目主持、影像与影视技术、戏剧表演、动漫游戏、网页平面设计、数字影像技术、工艺美术、国际贸易实务、国际经济与贸易、国际商务、经济信息管理、商务经济与代理、市场营销、广告策划与营销、移动商务、网络营销、艺术设计、广告设计与制作、产品艺术设计、公共艺术设计、包装艺术设计、工艺美术品设计、动漫设计、游戏设计、人物形象设计、表演艺术、文化创意策划、数字媒体艺术设计、新媒体艺术、广播电视编导、播音与主持艺术、动画、网络与新媒体、戏剧影视导演、时尚传播、广告学、影视技演、戏剧影视美术设计、美术学、绘画、包装设计、产品设计、视觉传达设计、环境设计、数字媒体艺术、艺术设计学、公共艺术、文化产业管理、导游服务、会展服务与管理、会展策划与管理、旅游管理、会展经济与管理等，下同。

届毕业生）；或取得经评估论证、以中级技能为培养目标的中等及以上职业学校本专业或相关专业毕业证书（含尚未取得毕业证书的在校应届毕业生）。

具备以下条件之一者，可申报三级/高级工：

（1）取得本职业或相关职业四级/中级工职业资格证书（技能等级证书）后，累计从事本职业或相关职业工作 3 年（含）以上，经本职业三级/高级工正规培训达规定标准学时，并取得结业证书。

（2）取得本职业或相关职业四级/中级工职业资格证书（技能等级证书）后，累计从事本职业或相关职业工作 4 年（含）以上。

（3）取得本职业或相关职业四级/中级工职业资格证书（技能等级证书），并具有高级技工学校、技师学院毕业证书（含尚未取得毕业证书的在校应届毕业生）；或取得本职业或相关职业四级/中级工职业资格证书（技能等级证书），并具有经评估论证、以高级技能为培养目标的高等职业学校本专业或相关专业毕业证书（含尚未取得毕业证书的在校应届毕业生）。

（4）具有大专及以上本专业或相关专业毕业证书，并取得本职业或相关职业四级/中级工职业资格证书（技能等级证书）后，累计从事本职业或相关职业工作 2 年（含）以上。

具备以下条件之一者，可申报二级/技师：

（1）取得本职业或相关职业三级/高级工职业资格证书（技能等级证书）后，累计从事本职业或相关职业工作 3 年（含）以上，经本职业二级/技师正规培训达规定标准学时，并取得结业证书。

（2）取得本职业三级/高级工职业资格证书（技能等级证书）后，累计从事本职业或相关职业工作 4 年（含）以上。

（3）取得本职业或相关职业三级/高级工职业资格证书（技能等级证书）的高级技工学校、技师学院毕业生，累计从事本职业或相关职业工作 3 年（含）以上；或取得本职业或相关职业预备技师证书的技师学院毕业生，累计从事本职业或相关职业工作 2 年（含）以上。

具备以下条件者，可申报一级/高级技师：

（1）取得本职业或相关职业二级/技师职业资格证书（技能等级证书）后，累计从事本职业或相关职业工作 3 年（含）以上，经本职业一级/高级技师正规培训达规定标准学时，并取得结业证书。

（2）取得本职业或相关职业二级/技师职业资格证书（技能等级证书）后，累计从事本职业或相关职业工作 4 年（含）以上。

1.9.2 鉴定方式

分为理论知识考试、技能考核以及综合评审。理论知识考试以笔试、机考等方式为主，主要考核从业人员从事本职业应掌握的基本要求和相关知识要求；技能考核主要采用现场操作、模拟操作等方式进行，主要考核从业人员从事本职业应具备的技能水平；综合评审针对技师和高级技师，采取审阅申报材料、答辩等方式进行全面评议和审查。

理论知识考试、技能考核和综合评审均实行百分制，成绩皆达 60 分（含）以上者为合格。

1.9.3 监考人员、考评人员与考生配比

理论知识考试中的监考人员与考生配比不低于 1∶15，且每个考场不少于 2 名监考人员；技能操作考核考评员与考生的配比为 1∶5，考评人员为 3 人（含）以上单数；综合评审委员为 3 人（含）以上单数。

1.9.4 鉴定时间

理论知识考试时间不少于 90 min；技能操作考核时间不少于 90 min；综合评审时间不少于 30 min。

1.9.5 鉴定场所设备

理论知识考试在标准教室或机房进行；技能考核在工作现场或具备网络环境、智能电子设备等考核条件的其他场所进行。

2. 基本要求

2.1 职业道德

2.1.1 职业道德基本知识

2.1.2 职业守则

（1）遵纪守法，诚实守信。

（2）恪尽职守，勇于创新。

（3）钻研业务，团队协作。

（4）严控质量，服务热情。

2.2 基础知识

2.2.1 计算机及网络应用知识

（1）计算机及移动设备操作相关知识。

（2）网络应用相关知识。

2.2.2 营销基础知识

（1）营销学基本概念。

（2）互联网营销定义和分类。

（3）互联网营销传播特点。

（4）互联网营销策略及主要方法。

2.2.3 传播内容制作基础知识

（1）摄影、录像拍摄基础知识。

（2）图片、视频编辑制作基础知识。

（3）视听语言表达基础知识。

（4）新媒体应用知识。

2.2.4 产品基础知识

（1）产品分类知识。

（2）产品质量知识。

（3）特殊产品宣传知识。

2.2.5 安全基础知识

（1）网络信息安全知识。

（2）设备及操作安全知识。

（3）场地环境安全知识。

2.2.6 相关法律、法规知识

（1）《中华人民共和国劳动法》相关知识。

（2）《中华人民共和国合同法》相关知识。

（3）《中华人民共和国劳动合同法》相关知识。

（4）《中华人民共和国网络安全法》相关知识。

（5）《中华人民共和国广告法》相关知识。

（6）《中华人民共和国商标法》相关知识。

（7）《中华人民共和国产品质量法》相关知识。

（8）《中华人民共和国消费者权益保护法》相关知识。

（9）《中华人民共和国反不正当竞争法》相关知识。

（10）《中华人民共和国价格法》相关知识。

（11）《中华人民共和国电子商务法》相关知识。

（12）《中华人民共和国知识产权法》相关知识。

（13）《中华人民共和国食品安全法》相关知识。

（14）《互联网直播服务管理规定》相关知识。

（15）《关于加强网络直播营销活动监管的指导意见》相关知识。

（16）《网络交易监督管理办法》相关知识。

3. 工作要求

本标准对五级/初级工、四级/中级工、三级/高级工、二级/技师和一级/高级技师的技能要求和相关知识依次递进，高级别涵盖低级别的要求。

本职业包含四个职业方向：选品员、直播销售员、视频创推员和平台管理员。

分别以A、B、C、D标示。各工种单独考核项在表中用A、B、C、D标示，未标注的为共同考核项。

3.1 五级/初级工

选品员考核第1、2、3项职业功能；直播销售员考核第1、4、7项职业功能；视频创推员考核第1、5、7项职业功能；平台管理员考核第1、6、7项职业功能。

职业功能	工作内容	技能要求	相关知识要求
1. 工作准备	1.1 宣传准备	1.1.1 能搜集产品图文素材(ABC) 1.1.2 能使用网络搜索工具核实、整理产品素材信息 1.1.3 能发布产品图文信息预告	1.1.1 产品图文素材搜集方法 1.1.2 网络搜索工具使用方法 1.1.3 产品图文信息发布技巧
	1.2 设备、软件和材料准备	1.2.1 能连接硬件设备(BCD) 1.2.2 能下载安装直播软件(ABD) 1.2.3 能下载安装视频平台软件(C) 1.2.4 能按照直播计划准备直播样品(A) 1.2.5 能根据直播计划选择道具、场地(BD)	1.2.1 硬件安装调试方法 1.2.2 软件下载安装方法 1.2.3 直播样品搜集方法 1.2.4 道具、场地选择方法
	1.3 风险评估	1.3.1 能提出断网、断电等简单故障解决方法 1.3.2 能判断营销过程中法律、法规风险	1.3.1 断网、断电等故障的解决方法 1.3.2 营销过程中法律、法规的风险判断方法
2. 产品信息收集	2.1 市场调研	2.1.1 能收集和汇总销售产品相关信息 2.1.2 能收集和汇总产品营销方案的相关信息	2.1.1 产品销售信息收集和汇总方法 2.1.2 产品营销方案收集和汇总方法
	2.2 样品搜集	2.2.1 能选择销售产品的样品 2.2.2 能跟踪和查询样品寄送进度 2.2.3 能记录样品到达时的状态信息	2.2.1 样品选择方法 2.2.2 物流信息查询方法 2.2.3 样品到达要求的记录方法
3. 产品确定及规划	3.1 样品试用及分析	3.1.1 能试用样品 3.1.2 能对比分析产品信息与样品的差异点	3.1.1 样品试用注意事项 3.1.2 产品信息与样品的对比方法
	3.2 营销卖点分析	3.2.1 能汇总产品的优缺点 3.2.2 能根据产品特点编写产品介绍	3.2.1 产品优缺点汇总方法 3.2.2 产品介绍的编写方法
	3.3 商谈合作方式	3.3.1 能商议产品的报价 3.3.2 能与商家签订合作协议	3.3.1 产品报价商议方法 3.3.2 合作协议的主要内容和签订方法

续表

职业功能	工作内容	技能要求	相关知识要求
4. 直播营销	4.1 直播预演	4.1.1 能将产品特性整理成直播脚本 4.1.2 能根据脚本进行直播彩排	4.1.1 直播脚本编写方法 4.1.2 直播彩排方案制定方法
	4.2 直播销售	4.2.1 能介绍销售产品的基本特性及卖点 4.2.2 能对销售产品进行展示 4.2.3 能引导用户下单	4.2.1 产品特性及卖点的介绍技巧 4.2.2 销售产品的展示方法 4.2.3 引导用户下单的技巧
5. 视频创推	5.1 视频制作	5.1.1 能根据脚本使用手机软件拍摄产品 5.1.2 能在拍摄过程中呈现产品的特征 5.1.3 能在社交平台上保存拍摄的视频内容	5.1.1 手机软件拍摄方法 5.1.2 产品特征呈现技巧 5.1.3 视频保存方法
	5.2 视频推广	5.2.1 能按照平台要求上传视频 5.2.2 能按照平台要求发布视频 5.2.3 能通过社交工具等方式推广视频内容	5.2.1 视频上传及发布方法 5.2.2 视频热词设立技巧 5.2.3 推广功能的使用方法
6. 技术支持与互动管理	6.1 技术支持	6.1.1 能测试网络环境 6.1.2 能测试直播设备 6.1.3 能发布产品链接	6.1.1 网络环境测试方法 6.1.2 直播设备测试方法 6.1.3 产品链接设置方法
	6.2 互动管理	6.2.1 能用评论、回复等功能与用户进行沟通 6.2.2 能使用后台功能管理评论	6.2.1 用户沟通的原则及要求 6.2.2 后台管理功能的操作方法
7. 售后与复盘	7.1 售后	7.1.1 能查询产品的发货进度 7.1.2 能处理用户反馈的问题	7.1.1 发货进度查询方法 7.1.2.投诉问题的处理方法
	7.2 复盘	7.2.1 能采集营销数据 7.2.2 能统计营销数据	7.2.1 数据采集方法 7.2.2 统计软件使用方法

3.2 四级/中级工

选品员考核第 1、2、3 项职业功能；直播销售员考核第 1、4、7 项；视频创推员考核第 1、5、7 项职业功能；平台管理员考核第 1、6、7 项职业功能。

职业功能	工作内容	技能要求	相关知识要求
1. 工作准备	1.1 宣传准备	1.1.1 能制订产品素材搜集计划（A） 1.1.2 能制作产品专属宣传素材（ABC） 1.1.3 能执行跨平台宣传计划（BCD） 1.1.4 能制定宣传数据监控方案（D） 1.1.5 能运用工具对素材进行转码（D）	1.1.1 素材搜集计划的制定方法 1.1.2 数据监控方案的主要内容 1.1.3 音视频转码的方法
	1.2 设备、软件和材料准备	1.2.1 能盘点样品库（A） 1.2.2 能制订样品（道具）搭配计划（ABC） 1.2.3 能制定出镜者形象方案（BC） 1.2.4 能根据销售需求选择硬件设备（D） 1.2.5 能完成多种设备的搭建与联调（D）	1.2.1 样品库的盘点方法 1.2.2 样品（道具）的搭配方法 1.2.3 出镜者形象方案的制定方法 1.2.4 设备搭建与联调的方法
	1.3 风险评估	1.3.1 能评估团队协作风险 1.3.2 能制定并执行风险应对计划	1.3.1 团队协作风险的预判方法 1.3.2 风险应对计划的制定方法
2. 产品信息收集	2.1 市场调研	2.1.1 能收集产品的溯源信息 2.1.2 能根据产品进行用户调研 2.1.3 能对竞品进行调研	2.1.1 产品溯源方法 2.1.2 产品及用户调研方法
	2.2 调研结果分析	2.2.1 能对采集到的信息进行分类 2.2.2 能对采集到的信息进行比对	2.2.1 信息分类方法 2.2.2 信息比对的内容
	2.3 样品搜集	2.3.1 能根据营销方案提出样品的具体要求 2.3.2 能对收到的样品进行分类管理并制订试用计划	2.3.1 样品要求的提出方法 2.3.2 样品分类的管理方法 2.3.3 样品试用计划的制定方法
3. 产品确定及规划	3.1 样品试用及分析	3.1.1 能比对样品试用后效果与产品描述之间的差异 3.1.2 能比对产品在不同平台间的价格并进行分析	3.1.1 样品体验方法 3.1.2 平台搜索技巧

续表

职业功能	工作内容	技能要求	相关知识要求
3. 产品确定及规划	3.2 确定营销卖点	3.2.1 能结合自身营销定位选择适合的产品 3.2.2 能结合自身营销定位编写产品营销沟通技巧	3.2.1 营销定位的方法 3.2.2 产品营销沟通技巧的编写方法
	3.3 确定合作方式	3.3.1 能根据产品特性提出合作建议 3.3.2 能设计合作方式的结算方案	3.3.1 合作建议的主要内容 3.3.2 结算方案的设计方法
4. 直播营销	4.1 直播预演	4.1.1 能编写团队协作的直播脚本 4.1.2 能根据直播脚本测试营销流程	4.1.1 团队协作的直播脚本编写要求 4.1.2 营销流程的测试方法
	4.2 直播售卖	4.2.1 能使用营销沟通技巧介绍产品特点 4.2.2 能介绍平台优惠及产品折扣信息	4.2.1 营销沟通技巧的表达技巧 4.2.2 平台优惠及产品折扣的介绍方法
5. 视频创推	5.1 视频制作	5.1.1 能制定拍摄方案 5.1.2 能对拍摄素材进行分类管理 5.1.3 能对素材进行剪辑并导出	5.1.1 拍摄方案的制定方法 5.1.2 拍摄素材管理方法 5.1.3 素材剪辑方法
	5.2 视频推广	5.2.1 能搜集整理互联网推广渠道 5.2.2 能用推广工具增加视频观看、互动等指标	5.2.1 推广渠道搜集方法 5.2.2 推广工具使用方法
6. 技术支持与互动管理	6.1 技术支持	6.1.1 能根据直播计划整理设备清单 6.1.2 能排除现场设备故障 6.1.3 能在直播界面配置功能 6.1.4 能将企业提供的产品素材上传至直播间	6.1.1 设备选择的要求 6.1.2 设备故障的排除方法 6.1.3 直播间功能配置方法 6.1.4 产品素材的上传方法
	6.2 互动管理	6.2.1 能制定互动管理规则 6.2.2 能建立互动常见问题库	6.2.1 互动管理规则的制定方法 6.2.2 问题库的建立方法
7. 售后与复盘	7.1 售后	7.1.1 能分析和汇总异常数据 7.1.2 能建立售后标准工作流程	7.1.1 异常数据的分析和汇总方法 7.1.2 售后标准工作流程的主要内容
	7.2 复盘	7.2.1 能对售前预测数据进行复核 7.2.2 能通过复盘提出营销方案的优化建议	7.2.1 数据复核方法 7.2.2 营销方案优化方法

3.3 三级/高级工

选品员考核第 1、2、3 项职业功能；直播销售员考核第 1、4、7 项职业功能；视频创推员考核第 1、5、7 项职业功能；平台管理员考核第 1、6、7 项职业功能。

职业功能	工作内容	技能要求	相关知识要求
1. 工作准备	1.1 宣传准备	1.1.1 能建立第三方宣传供应商资源库 1.1.2 能计算预热投入产出比 1.1.3 能协调引流资源并扩大宣传渠道 ABC	1.1.1 第三方资源库的建立方法 1.1.2 投入产出比的测算方法
	1.2 设备、软件和材料准备	1.2.1 能建立样品出入库管理制度（A） 1.2.2 能根据营销计划选购硬件设备（BCD） 1.2.3 能制订道具采购计划（ABC） 1.2.4 能制定设备状态检测标准（D）	1.2.1 出入库管理制度的建立办法 1.2.2 设备采购要求 1.2.3 道具采购要求 1.2.4 设备检测方法
	1.3 风险评估	1.3.1 能制定风险管理奖惩制度 1.3.2 能评估风险防控方案的时效性	1.3.1 风险管理奖惩制度的主要内容 1.3.2 风险防控方案的评估方法
2. 产品信息收集	2.1 市场信息管理	2.1.1 能定期跟踪并整理产品销售数据 2.1.2 能维护供应商管理系统 2.1.3 能维护产品价格跟踪系统	2.1.1 产品销售数据的整理方法 2.1.2 供应商管理系统维护方法 2.1.3 产品价格跟踪系统维护方法
	2.2 市场信息分析	2.2.1 能依据调研信息做出产品选择 2.2.2 能分析产品价格设置的合理性	2.2.1 产品选择方法 2.2.2 价格分析方法
3. 产品确定及规划	3.1 竞品比对	1.1 能比对产品与竞品之间的价格差异 3.1.2 能比对产品与竞品之间的功能差异	3.1.1 产品和竞品价格的比对方法 3.1.2 产品与竞品功能的比对方法
	3.2 确定合作方式	3.2.1 能根据企业需求制定产品营销方案 3.2.2 能判定不同营销方式的合作风险	3.2.1 营销方案的编写方法 3.2.2 风险预判方法
4. 直播营销	4.1 直播预演	4.1.1 能组织团队进行直播预演 4.1.2 能根据预演效果调整营销方案	4.1.1 团队配合技巧 4.1.2 营销方案的调整方法
	4.2 直播售卖	4.2.1 能对个人情绪进行控制管理 4.2.2 能调动直播间气氛 4.2.3 能根据用户反馈实时调整直播策略	4.2.1 个人情绪管控技巧 4.2.2 直播间气氛调动技巧 4.2.3 直播策略的调整原则

续表

职业功能	工作内容	技能要求	相关知识要求
5. 视频创推	5.1 视频制作	5.1.1 能提炼产品的关键标签及卖点 5.1.2 能结合产品卖点设计视频创意方案 5.1.3 能运用多种拍摄手法展示产品特性 5.1.4 能对素材进行包装	5.1.1 产品关键词提炼的技巧 5.1.2 创意方案的设计方法 5.1.3 专业拍摄设备的使用方法 5.1.4 素材包装的方法
	5.2 视频推广	5.2.1 能确定投放对象 5.2.2 能筛选并确认流量资源 5.2.3 能使用数据监控工具实时监控推广效果	5.2.1 投放对象的选择要求 5.2.2 流量资源的筛选要求 5.2.3 数据监控工具的使用方法
6. 技术支持与互动管理	6.1 运维管理	6.1.1 能制定现场设备管理方案 6.1.2 能制定现场技术团队协作规则	6.1.1 设备管理的要求 6.1.2 协作规则的编写方法
	6.2 技术支持	6.2.1 能提供互动特效的技术支持 6.2.2 能提供动态网络舆论监控数据 6.2.3 能提供产品实时数据	6.2.1 互动特效的制作方法 6.2.2 舆论数据的查看方法 6.2.3 实时数据的提供方法
7. 售后与复盘	7.1 售后	7.1.1 能使用智能交互系统回复用户信息 7.1.2 能撰写售后工作报告	7.1.1 智能交互系统的使用方法 7.1.2 售后工作报告主要内容和撰写技巧
	7.2 复盘	7.2.1 能制定数据维度和分析标准 7.2.2 能制定数据采集操作流程	7.2.1 数据维度和分析标准的制定方法 7.2.2 数据采集操作流程的制定方法

附录 2

国家互联网信息办公室
公　　　　安　　　　部
商　　　　务　　　　部
文 化 和 旅 游 部
国 家 税 务 总 局
国家市场监督管理总局
国 家 广 播 电 视 总 局

网络直播营销管理办法（试行）

第一章　总　则

第一条　为加强网络直播营销管理，维护国家安全和公共利益，保护公民、法人和其他组织的合法权益，促进网络直播营销健康有序发展，根据《中华人民共和国网络安全法》《中华人民共和国电子商务法》《中华人民共和国广告法》《中华人民共和国反不正当竞争法》《网络信息内容生态治理规定》等法律、行政法规和国家有关规定，制定本办法。

第二条　在中华人民共和国境内，通过互联网站、应用程序、小程序等，以视频直播、音频直播、图文直播或多种直播相结合等形式开展营销的商业活动，适用本办法。

本办法所称直播营销平台，是指在网络直播营销中提供直播服务的各类平台，包括互联网直播服务平台、互联网音视频服务平台、电子商务平台等。

本办法所称直播间运营者，是指在直播营销平台上注册账号或者通过自建网站等其他网络服务，开设直播间从事网络直播营销活动的个人、法人和其他组织。

本办法所称直播营销人员，是指在网络直播营销中直接向社会公众开展营销的个人。

本办法所称直播营销人员服务机构，是指为直播营销人员从事网络直播营销活动提供策划、运营、经纪、培训等的专门机构。

从事网络直播营销活动，属于《中华人民共和国电子商务法》规定的“电子商务平台经营者”或“平台内经营者”定义的市场主体，应当依法履行相应的责任和义务。

第三条　从事网络直播营销活动，应当遵守法律法规，遵循公序良俗，遵守商业道德，坚持正确导向，弘扬社会主义核心价值观，营造良好网络生态。

第四条　国家网信部门和国务院公安、商务、文化和旅游、税务、市场监督管理、广播电视等有关主管部门建立健全线索移交、信息共享、会商研判、教育培训等工作机制，依据各自职责做好网络直播营销相关监督管理工作。

县级以上地方人民政府有关主管部门依据各自职责做好本行政区域内网络直播营销相关监督管理工作。

第二章 直播营销平台

第五条 直播营销平台应当依法依规履行备案手续，并按照有关规定开展安全评估。

从事网络直播营销活动，依法需要取得相关行政许可的，应当依法取得行政许可。

第六条 直播营销平台应当建立健全账号及直播营销功能注册注销、信息安全管理、营销行为规范、未成年人保护、消费者权益保护、个人信息保护、网络和数据安全管理等机制、措施。

直播营销平台应当配备与服务规模相适应的直播内容管理专业人员，具备维护互联网直播内容安全的技术能力，技术方案应符合国家相关标准。

第七条 直播营销平台应当依据相关法律法规和国家有关规定，制定并公开网络直播营销管理规则、平台公约。

直播营销平台应当与直播营销人员服务机构、直播间运营者签订协议，要求其规范直播营销人员招募、培训、管理流程，履行对直播营销内容、商品和服务的真实性、合法性审核义务。

直播营销平台应当制定直播营销商品和服务负面目录，列明法律法规规定的禁止生产销售、禁止网络交易、禁止商业推销宣传以及不适宜以直播形式营销的商品和服务类别。

第八条 直播营销平台应当对直播间运营者、直播营销人员进行基于身份证件信息、统一社会信用代码等真实身份信息认证，并依法依规向税务机关报送身份信息和其他涉税信息。直播营销平台应当采取必要措施保障处理的个人信息安全。

直播营销平台应当建立直播营销人员真实身份动态核验机制，在直播前核验所有直播营销人员身份信息，对与真实身份信息不符或按照国家有关规定不得从事网络直播发布的，不得为其提供直播发布服务。

第九条 直播营销平台应当加强网络直播营销信息内容管理，开展信息发布审核和实时巡查，发现违法和不良信息，应当立即采取处置措施，保存有关记录，并向有关主管部门报告。

直播营销平台应当加强直播间内链接、二维码等跳转服务的信息安全管理，防范信息安全风险。

第十条 直播营销平台应当建立健全风险识别模型，对涉嫌违法违规的高风险营销行为采取弹窗提示、违规警示、限制流量、暂停直播等措施。直播营销平台应当以显著方式警示用户平台外私下交易等行为的风险。

第十一条　直播营销平台提供付费导流等服务，对网络直播营销进行宣传、推广，构成商业广告的，应当履行广告发布者或者广告经营者的责任和义务。

直播营销平台不得为直播间运营者、直播营销人员虚假或者引人误解的商业宣传提供帮助、便利条件。

第十二条　直播营销平台应当建立健全未成年人保护机制，注重保护未成年人身心健康。网络直播营销中包含可能影响未成年人身心健康内容的，直播营销平台应当在信息展示前以显著方式作出提示。

第十三条　直播营销平台应当加强新技术新应用新功能上线和使用管理，对利用人工智能、数字视觉、虚拟现实、语音合成等技术展示的虚拟形象从事网络直播营销的，应当按照有关规定进行安全评估，并以显著方式予以标识。

第十四条　直播营销平台应当根据直播间运营者账号合规情况、关注和访问量、交易量和金额及其他指标维度，建立分级管理制度，根据级别确定服务范围及功能，对重点直播间运营者采取安排专人实时巡查、延长直播内容保存时间等措施。

直播营销平台应当对违反法律法规和服务协议的直播间运营者账号，视情采取警示提醒、限制功能、暂停发布、注销账号、禁止重新注册等处置措施，保存记录并向有关主管部门报告。

直播营销平台应当建立黑名单制度，将严重违法违规的直播营销人员及因违法失德造成恶劣社会影响的人员列入黑名单，并向有关主管部门报告。

第十五条　直播营销平台应当建立健全投诉、举报机制，明确处理流程和反馈期限，及时处理公众对于违法违规信息内容、营销行为投诉举报。

消费者通过直播间内链接、二维码等方式跳转到其他平台购买商品或者接受服务，发生争议时，相关直播营销平台应当积极协助消费者维护合法权益，提供必要的证据等支持。

第十六条　直播营销平台应当提示直播间运营者依法办理市场主体登记或税务登记，如实申报收入，依法履行纳税义务，并依法享受税收优惠。直播营销平台及直播营销人员服务机构应当依法履行代扣代缴义务。

第三章　直播间运营者和直播营销人员

第十七条　直播营销人员或者直播间运营者为自然人的，应当年满十六周岁；十六周岁以上的未成年人申请成为直播营销人员或者直播间运营者的，应当经监护人同意。

第十八条　直播间运营者、直播营销人员从事网络直播营销活动，应当遵守法律法规和国家有关规定，遵循社会公序良俗，真实、准确、全面地发布商品或服务信息，不得有下列行为：

（一）违反《网络信息内容生态治理规定》第六条、第七条规定的；

（二）发布虚假或者引人误解的信息，欺骗、误导用户；

（三）营销假冒伪劣、侵犯知识产权或不符合保障人身、财产安全要求的商品；

（四）虚构或者篡改交易、关注度、浏览量、点赞量等数据流量造假；

（五）知道或应当知道他人存在违法违规或高风险行为，仍为其推广、引流；

（六）骚扰、诋毁、谩骂及恐吓他人，侵害他人合法权益；

（七）传销、诈骗、赌博、贩卖违禁品及管制物品等；

（八）其他违反国家法律法规和有关规定的行为。

第十九条 直播间运营者、直播营销人员发布的直播内容构成商业广告的，应当履行广告发布者、广告经营者或者广告代言人的责任和义务。

第二十条 直播营销人员不得在涉及国家安全、公共安全、影响他人及社会正常生产生活秩序的场所从事网络直播营销活动。

直播间运营者、直播营销人员应当加强直播间管理，在下列重点环节的设置应当符合法律法规和国家有关规定，不得含有违法和不良信息，不得以暗示等方式误导用户：

（一）直播间运营者账号名称、头像、简介；

（二）直播间标题、封面；

（三）直播间布景、道具、商品展示；

（四）直播营销人员着装、形象；

（五）其他易引起用户关注的重点环节。

第二十一条 直播间运营者、直播营销人员应当依据平台服务协议做好语音和视频连线、评论、弹幕等互动内容的实时管理，不得以删除、屏蔽相关不利评价等方式欺骗、误导用户。

第二十二条 直播间运营者应当对商品和服务供应商的身份、地址、联系方式、行政许可、信用情况等信息进行核验，并留存相关记录备查。

第二十三条 直播间运营者、直播营销人员应当依法依规履行消费者权益保护责任和义务，不得故意拖延或者无正当理由拒绝消费者提出的合法合理要求。

第二十四条 直播间运营者、直播营销人员与直播营销人员服务机构合作开展商业合作的，应当与直播营销人员服务机构签订书面协议，明确信息安全管理、商品质量审核、消费者权益保护等义务并督促履行。

第二十五条 直播间运营者、直播营销人员使用其他人肖像作为虚拟形象从事网络直播营销活动的，应当征得肖像权人同意，不得利用信息技术手段伪造等方式侵害他人的肖像权。对自然人声音的保护，参照适用前述规定。

第四章　监督管理和法律责任

第二十六条 有关部门根据需要对直播营销平台履行主体责任情况开展监督检查，对存在问题的平台开展专项检查。

直播营销平台对有关部门依法实施的监督检查，应当予以配合，不得拒绝、阻挠。

直播营销平台应当为有关部门依法调查、侦查活动提供技术支持和协助。

第二十七条 有关部门加强对行业协会商会的指导，鼓励建立完善行业标准，开展法律法规宣传，推动行业自律。

第二十八条 违反本办法，给他人造成损害的，依法承担民事责任；构成犯罪的，依法追究刑事责任；尚不构成犯罪的，由网信等有关主管部门依据各自职责依照有关法律法规予以处理。

第二十九条 有关部门对严重违反法律法规的直播营销市场主体名单实施信息共享，依法开展联合惩戒。

第五章 附 则

第三十条 本办法自 2021 年 5 月 25 日起施行。

附录 3

市场监管总局关于加强网络直播营销活动监管的指导意见

国市监广〔2020〕175 号

各省、自治区、直辖市及新疆生产建设兵团市场监管局（厅、委）：

为加强网络直播营销活动监管，保护消费者合法权益，促进直播营销新业态健康发展，依据有关法律、行政法规和市场监管部门职责，现提出以下意见。

一、总体要求

以习近平新时代中国特色社会主义思想为指导，全面贯彻党的十九大和十九届二中、三中、四中、五中全会精神，认真落实党中央、国务院决策部署，坚持依法行政，坚持包容审慎，创新监管理念，积极探索适应新业态特点、有利于各类市场主体公平竞争的监管方式，依法查处网络直播营销活动中侵犯消费者合法权益、侵犯知识产权、破坏市场秩序等违法行为，促进网络直播营销健康发展，营造公平有序的竞争环境、安全放心的消费环境。

二、压实有关主体法律责任

（一）压实网络平台法律责任。网络平台为采用网络直播方式销售商品或提供服务的经营者提供网络经营场所、交易撮合、信息发布等服务，供交易双方或多方独立开展交易活动的，特别是网络平台开放网络直播推广服务经营者入驻功能、为采用网络直播方式推广商品或服务的经营者提供直播技术服务的，应按照《电子商务法》规定履行电子商务平台经营者的责任和义务。

网络平台为商品经营者（含服务提供者，下同）或网络直播者提供付费导流等服务，对网络直播营销活动进行宣传、推广，构成商业广告的，应按照《广告法》规定履行广告发布者或广告经营者的责任和义务。

网络平台以其他方式为其用户提供网络直播技术服务，应根据平台是否参与运营、分佣、平台对用户的控制力等具体情形，适用《电子商务法》关于电子商务平台经营者的相关责任和义务，或适用法律法规关于网络服务提供者的责任和义务。

（二）压实商品经营者法律责任。通过网络直播销售商品或提供服务，应按照《电子商务法》《消费者权益保护法》《反不正当竞争法》《产品质量法》《食品安全法》《广告法》《价格法》《商标法》《专利法》等相关法律规定，履行相应的责任和义务。

（三）压实网络直播者法律责任。自然人、法人或其他组织采用网络直播方式对商品或服务的性能、功能、质量、销售状况、用户评价、曾获荣誉等作宣传，应当真实、合法，符合《反不正当竞争法》有关规定。直播内容构成商业广告的，应按照《广告法》规定履行广告发布者、广告经营者或广告代言人的责任和义务。

三、严格规范网络直播营销行为

（四）规范商品或服务营销范围。商品经营者通过网络直播销售商品或提供服务，应遵守相关法律法规，建立并执行商品进货检查验收制度。不得通过网络直播销售法律、法规规定禁止生产、销售的商品或服务；不得通过网络直播发布法律、法规规定禁止在大众传播媒介发布的商业广告；不得通过网络直播销售禁止进行网络交易的商品或服务。

（五）规范广告审查发布。在网络直播营销活动中发布法律、行政法规规定应进行发布前审查的广告，应严格遵守广告审查有关规定。未经审查不得发布医疗、药品、医疗器械、农药、兽药、保健食品和特殊医学用途配方食品等法律、行政法规规定应当进行发布前审查的广告。

（六）保障消费者知情权和选择权。商品经营者通过网络直播销售商品或者服务的，应当在其网店首页显著位置，持续公示营业执照信息、与其经营业务有关的行政许可信息，并向消费者提供经营地址、联系方式、售后服务等信息。网络平台应当为公示上述信息提供技术支持等便利条件。

四、依法查处网络直播营销违法行为

（七）依法查处电子商务违法行为。针对网络直播营销中平台责任落实不到位等问题，依据《电子商务法》，重点查处擅自删除消费者评价、对平台内经营者侵害消费者合法权益行为未采取必要措施、未尽到资质资格审核义务、对消费者未尽到安全保障义务等违法行为。

（八）依法查处侵犯消费者合法权益违法行为。针对网络直播营销中售后服务保障不力等问题，依据《消费者权益保护法》，重点查处对消费者依法提出的修理、重作、更换、退货、补足商品数量、退还货款和服务费用或者赔偿损失的要求，故意拖延或者无理拒绝等违法行为。

（九）依法查处不正当竞争违法行为。针对网络直播营销中虚构交易或评价、网络直播者欺骗和误导消费者等不正当竞争问题，依据《反不正当竞争法》，重点查处实施虚假或者引人误解的商业宣传、帮助其他经营者进行虚假或者引人误解的商业宣传、仿冒混淆、商业诋毁和违法有奖销售等违法行为。

（十）依法查处产品质量违法行为。针对网络直播营销中售卖假冒伪劣产品等问题，依据《产品质量法》，重点查处在产品中掺杂掺假、以假充真、以次充好、以不合格产品冒充合格产品、伪造产品的产地和伪造或冒用他人厂名厂址等违法行为。

（十一）依法查处侵犯知识产权违法行为。针对网络直播营销中售卖侵犯知识产权产品等问题，依据《商标法》《专利法》，重点查处侵犯注册商标专用权、假冒专利等违法行为。

（十二）依法查处食品安全违法行为。针对网络直播营销中的食品安全问题，依据《食品安全法》，重点查处无经营资质销售食品、销售不符合食品安全标准的食品、销售标注虚假生产日期或超过保质期的食品等违法行为。

（十三）依法查处广告违法行为。针对网络直播营销中发布虚假违法广告问题，依据《广告法》，重点查处发布虚假广告、发布违背社会良好风尚的违法广告和违规广告代言等违法行为。

（十四）依法查处价格违法行为。针对网络直播营销中价格违法问题，依据《价格法》，重点查处哄抬价格、利用虚假的或者使人误解的价格手段诱骗消费者进行交易等违法行为。

各地市场监管部门要高度重视网络直播营销活动监管工作，加强组织领导，充分发挥综合执法优势，切实提升网络直播营销活动监管效能和水平。要加强与网信、公安、广电等部门的沟通协作，强化信息共享与协调配合，提升监管合力。要切实加大案件查办工作力度，做好行刑衔接工作，发现违法行为涉嫌犯罪的，应当及时将案件移送司法机关。

市场监管总局

2020 年 11 月 5 日

附录 4

直播营销人员职业能力

1. 范围

本文件规定了直播营销人员的基本条件以及工作能力要求等。

本文件适用于商贸流通企业中的直播营销人员的能力建设与管理，直播营销的相关教育培训、直播平台等机构可参考使用。

2. 规范性引用文件

本文件无规范性引用文件。

3. 定义

下列术语和定义适用于本文件。

3.1 直播　live-streaming

将广播、电视、网络等形式的节目跟随现场事件的发生、发展进程，利用数字化场景进行实时视讯和音讯的传播方式。

3.2 直播营销　live-streaming marketing

通过直播（3.1）的形式进行产品或服务相关信息发布、营销策划推广，达成以品牌推广、产品销售等为核心价值的活动。

3.3 直播营销人员　live-streaming marketer

采用直播的方式，从事商品与服务策划推广、销售、客户管理等工作的专业人员。

注：营销人员在《中华人民共和国职业分类大典》里的职业名称包括营销员（职业编码：4-01-02-01）、互联网营销师（职业编码：4-01-02-07）和市场营销专业人员（职业编码：2-06-07-02）。

3.4 粉丝　fans

在直播营销（3.2）活动中关注活动、购买服务或产品的组织或个人。

3.5 促单 contribute to order

在直播营销（3.2）活动中促使粉丝（3.4）形成直接购买行为的有关动作、语言等一系列活动和过程。

4. 基本条件

4.1 职业道德基本知识

直播营销人员的职业道德基本知识包括但不限于：

（1）严格遵守国家法律法规，遵从行业行为规范；

（2）坚持信息传播正确导向，弘扬优秀传统文化；

（3）引导正确的社会责任观，爱岗敬业诚实守信。

4.2 职业守则

直播营销人员的职业守则包括但不限于：

（1）熟悉业务，优质服务；

（2）信息真实，诚信无欺；

（3）规范引导消费，保护消费者权益；

（4）遵从商业伦理，保守商业秘密；

（5）履行节约，注重环保。

4.3 职业环境

本职业的工作环境为室内、室外。

5. 工作能力要求

5.1 职业功能

本职业的职业功能包括选品、直播营销策划、直播营销运营、直播数据分析、粉丝维护和直播主持。

5.2 工作内容

5.2.1 选品

选品的工作内容包括但不限于：

（1）产品趋势分析；

（2）产品转化率分析

（3）产品质量分析；

（4）产品价格分析；

（5）竞品分析。

5.2.2 直播营销策划

直播营销策划的工作内容包括但不限于：

（1）产品卖点提炼；

（2）直播脚本策划撰写；

（3）直播场景策划；

（4）直播现场制作策划。

5.2.3 直播营销运营

直播营销运营的工作内容包括但不限于：

（1）直播平台选择和使用；

（2）直播流量运营；

（3）直播商品运营；

（4）直播活动运营。

5.2.4 直播数据分析

直播数据分析的工作内容包括但不限于：

（1）产品数据分析；

（2）粉丝数据分析。

5.2.5 粉丝管理

粉丝维护的工作内容包括但不限于：

（1）建立粉丝体系；

（2）粉丝维护。

5.2.6 直播演绎

直播演绎的工作内容包括但不限于：

（1）主持或协助主持直播营销活动；

（2）控场；

（3）促单。

5.3 工作类型划分与依据

5.3.1 工作类型

本职业的工作类型可分为策划制作类、运营类和直播类三种。

5.3.2 依据

直播营销人员工作类型划分以实际工作场景和工作内容为依据。

5.4 直播营销人员（策划制作类）工作要求

5.4.1 学历及工作经验要求

直播营销人员（策划制作类）的学历与工作经验应满足以下条件之一：

（1）累计从事直播营销或相关职业（互联网营销师、销售员、电子商务师等职业，下同。）策划制作类工作 1 年（含）以上；

（2）本职业或相关职业实习期或助理期满。

5.4.2 工作能力要求

直播营销人员（策划制作类）的工作能力要求包括但不限于以下各项：

（1）能够进行直播营销活动产品选择（简称“选品”）；

（2）能够进行直播营销活动（或直播节活动）策划；

（3）能够进行直播营销活动现场音频或视频资料处理。

5.5 直播营销人员（运营类）工作要求

5.5.1 学历及工作经验要求

直播营销人员（运营类）的学历与工作经验应满足以下条件之一：

（1）累计从事直播营销或相关职业运营类工作 1 年（含）以上；

（2）本职业或相关职业实习期或助理期满。

5.5.2 工作能力要求

直播营销人员（运营类）的工作能力要求包括但不限于以下各项：

（1）能够进行直播营销运营；

（2）能够进行直播营销活动场景搭建，包括道具使用、灯光和设备布置等；

（3）能够进行直播数据分析；

（4）能够进行粉丝管理。

5.6 直播营销人员（主播类）工作要求

5.6.1 学历及工作经验要求

直播营销人员（主播类）的学历与工作经验应满足以下条件之一：

（1）累计从事主持、播音或相关职业类工作 1 年（含）以上；

（2）本职业或相关职业实习期或助理期满。

5.6.2 工作能力要求

直播营销人员（主播类）的工作能力要求包括但不限于以下各项：

（1）形象气质佳，直播状态积极，播音速度与节奏适中；

（2）具备一定的沟通协调能力；

（3）能够操作直播相关设备；

（4）能够全程主持或协助主持直播营销活动；

（5）能够对直播营销活动产品进行卖点展示；

（6）能够进行直播营销活动促单；

（7）具有一定人设风格。

附录A 直播营销人员职业能力类别与等级对照表

表录A 直播营销人员职业能力类别与等级对照表

划分类别	职业功能	工作内容	初级		中级		高级	
			职业技能要求	相关知识要求	职业技能要求	相关知识要求	职业技能要求	相关知识要求
一、直播营销人员（策划制作类）工作要求	1.选品	1.1 产品趋势与转化率分析	1.1.1 能够开展市场调研 1.1.2 能对产品进行分类 1.1.3 收集产品数据 1.1.4 能够分析产品数据 1.1.5 能够计算产品转化率 1.1.6 能够分析产品转化率	1.1.1 市场调研方法 1.1.2 市场调研的程序 1.1.3 产品品类划分依据 1.1.4 产品分析的方法 1.1.5 获取产品数据的途径 1.1.6 产品转化率计算公式 1.1.7 产品转化率的分析工具	1.1.1 能够跟踪产品发展趋势 1.1.2 能够预测产品变化趋势 1.1.3 能够初步预判产品趋势 1.1.4 能够总结产品转化率变化的原因 1.1.5 能够提升产品转化率	1.1.1 产品趋势变化规律 1.1.2 预测产品趋势的依据 1.1.3 预测产品变化趋势的方法 1.1.4 产品转化率的影响因素 1.1.5 提升产品转换率的方法	1.1.1 能够预判热销产品 1.1.2 能够打造热销产品 1.1.3 能够进行热销产品战略规划能预测产品转化率	1.1.1 热销产品的特征 1.1.2 热销产品的打造方法 1.1.3 热销产品的组合优化程 1.1.4 产品转化率预测方法 1.1.5 产品转化率预测模型
		1.2 产品质量和价格分析	1.2.1 能够初步分析产品特点 1.2.2 能够了解各品类产品相关标准 1.2.3 能够初步分析产品成本 1.2.4 能够收集影响定价因素	1.2.1 产品质量分析的内容 1.2.2 产品质量分析的方法 1.2.3 产品标准的类别 1.2.4 产品标准的内容 1.2.5 产品成本分析内容 1.2.6 定价影响因素	1.2.1 能够掌握产品相关参数要求 1.2.2 能够分析产品质量 1.2.3 能够进行产品定价	1.2.1 产品的技术参数 1.2.2 产品的质量参数 1.2.3 产品质量分析程序 1.2.4 产品质量分析工具 1.2.5 产品定价方法 1.2.6 产品定价策略	1.2.1 能够制定产品质量控制要求 1.2.2 能够进行系列产品定价	1.2.1 产品质量控制要求的制定依据 1.2.2 产品质量控制要求的制定程序 1.2.3 系列产品定价方法
		1.3 竞品分析	1.3.1 了解竞品的种类 1.3.2 能够选择合适的竞品 1.3.3 能够收集竞品的详细信息	1.3.1 竞品概念 1.3.2 竞品分类 1.3.3 竞品选择方法 1.3.4 竞品信息收集方法	1.3.1 能够分析竞品信息 1.3.2 能够监控竞品信息 1.3.3 能够将竞品与自选产品进行对比分析 1.3.4 能够撰写竞品分析报告	1.3.1 竞品信息分析方法 1.3.2 竞品监控渠道 1.3.3 竞品对比分析方法 1.3.4 竞品分析报告内容要求	1.3.1 制定产品销售策略 1.3.2 能够优化竞品分析报告	1.3.1 销售策略 1.3.2 竞品分析报告优化方法

续表

划分类别	职业功能	工作内容	初级		中级		高级	
			职业技能要求	相关知识要求	职业技能要求	相关知识要求	职业技能要求	相关知识要求
一、直播营销人员（策划制作类）工作要求	2.直播销售策划	2.1 产品卖点提炼	2.1.1 能够收集产品卖点信息 2.1.2 能够整理产品卖点信息 2.1.3 能够初步提炼产品卖点 2.1.4 能够初步依据产品卖点撰写销售文案	2.1.1 产品卖点的收集渠道与方法 2.1.2 产品的卖点信息 2.1.3 产品卖点提炼的方法和卖点内容 2.1.4 卖点广告文案撰写方法	2.1.1 能够确定产品卖点 2.1.2 能够优化产品卖点销售文案 2.1.3 能够依据产品卖点提出产品优化建议	2.1.1 产品的核心卖点 2.1.2 产品优化内容 2.1.3 产品卖点销售文案的优化内容	2.1.1 能够对突出卖点的创意展现形式提出建议 2.1.2 能够依据产品卖点提出新产品开发建议 2.1.3 能够对产品销售策略提出建议	2.1.1 卖点创意展现形式的建议内容 2.1.2 新品开发的建议内容 2.1.3 选品方向的建议内容 2.1.4 产品销售策略优化建议内容
		2.2 脚本策划	2.2.1 能够根据直播主题收集脚本素材 2.2.2 能够根据直播营销主题提纲初步撰写脚本	2.2.1 脚本素材的构成及收集的方法 2.2.2 脚本撰写的基本内容及写作要求	2.2.1 能够提出直播营销主题 2.2.2 能够根据直播营销主题拟定脚本大纲 2.2.3 能根据直播营销主题创作直播脚本文案 2.2.4 能够做出直播活动成本核算及费用	2.2.1 直播营销的逻辑和玩法、时事热点及动态 2.2.2 脚本大纲的编制方法 2.2.3 直播营销脚本撰写内容及方法 2.2.4 直播营销的时间规划相关知识 2.2.5 成本核算等相关财务管理知识	2.2.1 能够优创新直播营销主题 2.2.2 能够优化直播营销流程 2.2.3 能够编制直播突发事件应急预案	2.2.1 直播营销主题创意方法与技巧 2.2.2 直播营销的氛围设计、节奏把控等相关知识 2.2.3 直播突发事件处理基本原则
		2.3 场景策划	2.3.1 能根据直播营销主题营造与之相关的直播氛围 2.3.2 能够根据产品特点合理使用道具	2.3.1 直播氛围的营造方法与技巧 2.3.2 直播道具的使用方法与技巧	2.3.1 能够策划互动直播营销场景 2.3.2 能根据产品卖点构建销售场景 2.3.3 能够根据产品特点合理选择道具 2.3.4 能将产品嵌入直播营销场景	2.3.1 营销场景与产品关联的方法与技巧 2.3.2 直播营销场景的构建方法与技巧 2.3.3 直播道具的选择方法与技巧 2.3.4 产品嵌入直播营销场景的方法与技巧	2.3.1 能够发现直播营销场景存在的问题 2.3.2 能够提出直播营销场景优化方案	2.3.1 直播营销场景效果盘查方法和技巧 2.3.2 直播营销场景的优化方法

续表

划分类别	职业功能	工作内容	初级		中级		高级	
			职业技能要求	相关知识要求	职业技能要求	相关知识要求	职业技能要求	相关知识要求
二、直播营销人员（运营类）工作要求	3. 直播销售运营	3.1 直播平台选择和使用	3.1.1 能够熟悉常见直播平台各项功能 3.1.2 能够使用常见直播平台各项功能 3.1.3 能够发起直播活动	3.1.1 常用直播平台主要运营规则 3.1.2 常见直播平台主要功能操作方法	3.1.1 能够熟练使用常见直播平台各项功能，包括引流功能 3.1.2 能够选择合适的直播平台 3.1.3 了解常见的直播平台辅助软件 3.1.4 能够使用直播平台辅助软件	3.1.1 直播平台常用辅助软件的分类 3.1.2 直播平台引流功能使用方法 3.1.3 直播辅助软件功能介绍 3.1.4 直播平台辅助软件的使用方法	3.1.1 能够对常见直播平台功能提出优化建议 3.1.2 能够熟练使用直播平台辅助软件	3.1.1 直播平台软件功能的组合使用方法 3.1.2 直播平台辅助软件设计与使用
		3.2 直播营流量运营	3.4.1 了解直播营销引流渠道 3.4.2 能够发布直播预告	3.4.1 直播发布规则 3.4.2 直播信息呈现方式	3.4.1 能够根据直播情况选择合适引流方式 3.4.2 能够进行直播营销预热宣传 3.4.3 能够引导直播间粉丝推广	3.4.1 直播传播形式的分类 3.4.2 直播媒体平台的分类 3.4.3 直播传播形式的组合使用方法 3.4.4 直播媒体平台的使用方法	3.4.1 能综合运用不同的引流方法 3.4.2 能够创新引流方法	3.4.1 直播流量投放渠道分类 3.4.2 流量投放规则及操作方法
		3.3 直播商品运营	3.3.1 建立直播商品基本信息库 3.3.2 按照拍摄规范跟进商品的拍摄 3.3.3 对直播商品进行上下架	3.3.1 商品信息库建立知识 3.3.2 商品拍摄知识 3.3.3 直播商品上下架知识	3.3.1 跟进商品详情页的描述制作，保证价格、类目属性等信息准确 3.3.2 收集粉丝对商品的反馈及需求，	3.3.1 商品详情页要求相关知识 3.3.2 商品反馈收集方式	3.3.1 提出商品改善和提高建议 3.3.2 预测商品销售趋势 3.3.3 定期安排相关人员进行商品知识培训	3.3.1 商品销售趋势预测知识 3.3.2 商品知识培训内容
		3.4 直播活动运营	3.4.1 直播活动海报等宣传物料设计 3.4.2 直播活动前后期的传播工作，包括线上活动文案推广、H5 传播等 3.4.3 能够执行直播活动运营方案	3.4.1 宣传设计知识 3.4.2 活动传播渠道 3.4. 直播活动运营方案内容	3.4.1 能独立完成直播活动策划和组织工作 3.4.2 建立直播活动运营体系，包括主题、话题、热点等 3.4.3 根据直播平台内容特点，针对不同目标运用不同手段进行推广 3.4.4 能够撰写直播活动运营方案	3.4.1 策划和组织工作流程 3.4.2 直播活动运营体系建立方法 3.4.3 精准营销知识 3.4.4 直播活动运营方案撰写要求	3.4.1 能够设计年度直播活动或直播节等大型活动 3.4.2 能够不断输出直播活动运营方法及经典活动案例 3.4.3 能够跟根据市场动态及时调整优化活动运营方案及策略	3.4.1 直播节策划相关知识 3.4.2 直播活动运营方案策略制定相关知识

续表

划分类别	职业功能	工作内容	初级		中级		高级	
			职业技能要求	相关知识要求	职业技能要求	相关知识要求	职业技能要求	相关知识要求
二、直播营销人员（运营类）工作要求	4.直播数据分析	4.1 产品数据分析	4.1.1 收集产品直播浏览数据 4.1.2 收集产品退换货数据 4.1.3 收集产品库存数据	4.1.1 收集产品直播浏览数据的方法 4.1.2 收集产品退换货数据统计方法 4.1.3 产品库存数据类型	4.1.1 能够分析产品成交转化率 4.1.2 能够分析退换货原因 4.1.3 能够分析产品退换货影响因素	4.1.1 产品成交转化率计算方法 4.1.2 产品成交转化率分析方法 4.1.3 产品退换货处理方法 4.1.4 产品退换货影响因素	4.1.1 能够撰写产品数据分析报告 4.1.2 能够根据产品数据分析报告对直播提出优化建议	4.1.1 数据分析报告的写作原则 4.1.2 数据报告的基本结构
		4.2 粉丝数据分析	4.2.1 收集粉丝直播观看行为指标数据 4.2.2 收集消粉丝直播交易数据	4.2.1 数据收集相关知识 4.2.2 粉丝直播观看行为指标的种类 4.2.3 直播交易类型	4.2.1 能够分析粉丝直播观看行为指标数据 4.2.2 能够分析粉丝直播交易数据	4.2.1 数据整合与分析知识 4.2.2 数据分析方法 4.2.3 数据分析框架内容 4.2.4 数据分析软件类别 4.2.5 数据分析软件功能	4.2.1 能够撰写粉丝数据分析报告 4.2.2 能够根据粉丝数据分析报告对直播提出优化建议	4.2.1 提升复购买率方法 4.2.2 客单价相关知识
	5.粉丝管理	5.1 建立粉丝体系	5.1.1 能够将粉丝进行分类社群转化 5.1.2 能够与粉丝有效沟通	5.1.1 粉丝细分的方法 5.1.2 粉丝分类建群技巧 5.1.3 粉丝互动技巧	5.1.1 能够对粉丝进行分类管理 5.1.2 能够统计粉丝活跃度	5.1.1 粉丝分类管理知识 5.1.2 粉丝分析的方法 5.1.3 粉丝活跃度统计方法	5.1.1 能够制定粉丝分类管理策略 5.1.2 能够优化粉丝体系	5.1.1 粉丝分类管理策略知识 5.1.2 粉丝体系优化
		5.2 粉丝维护	5.2.1 能够组织实施粉丝维护活动 5.2.2 能够进行粉丝维护效果评估 5.2.3 能够执行粉丝开发计划	5.2.1 有效进行粉丝维护的方法 5.2.2 粉丝维护效果评估	5.2.1 根据粉丝实际情况编制粉丝维护方 5.2.2 能够制定粉丝满意度和忠诚度评价指标 5.2.3 能够制定粉丝开发计划	5.2.1 粉丝维护方案撰写要求 5.2.2 粉丝满意度和忠诚度评价指标 5.2.3 优化粉丝关系相关知识 5.2.4 粉丝开发计划	5.2.1 制定粉丝满意度和忠诚度管理方案 5.2.2 能够制定粉丝深度开发方案	5.2.1 粉丝满意度和粉丝忠诚度管理知识 5.2.2 粉丝深度开发知识
三、直播营销人员（主播类）	6.直播演绎	6.1 主持营销活动	6.1.1 嗓音良好，语言规范，语调正确 6.1.1 能按要求完成主持任务	6.1.1 规范语言的表达方式 6.1.2 语音语调基本知识	6.1.1 具有良好的语言和思维表达能力 6.1.2 能够独立承担主持任务 6.1.3 具有临场应变和即兴发挥能力	6.1.1 主持心理素质相关知识 6.1.2 语言应用知识	6.1.1 主持具有个性魅力 6.1.2 熟练地完成各类主持任务 6.1.3 能够评审并解决主持中的重大疑难问题	6.1.1 即兴口语表达基本技巧和方法 6.1.2 主持创新知识
		6.2 控场	6.2.1 能够配合完成直播营销过程 6.2.2 能够与直播间观众进行互动	6.2.1 直播活动的实施流程 6.2.2 直播互动基础技巧	6.2.1 能够独立完成直播营销过程 6.2.2 能够选择合适的方式与直播间观众进行互动 6.2.3 能够进行直播间常规管理 6.2.4 能够处理直播突发情况	6.2.1 直播互动综合技巧 6.2.2 直播营销行为规范 6.2.3 直播的注意事项 6.2.4 直播突发情况处理方法	6.2.1 能够根据直播营销实际情况灵活组织话术 6.2.2 具备独特的直播控场风格 6.2.3 具备独特的人设风格	6.2.1 销售话术组合技巧 6.2.2 艺术语言技巧 6.2.3 妆容服饰穿搭技巧
		6.3 促单	3.3.1 能够准确介绍产品基本信息 3.3.2 能够引导粉丝在直播间下单	3.3.1 产品基础知识 3.3.2 基础销售话术	3.3.1 能够正确展示产品 3.3.1 能够传递产品核心卖点 3.3.2 能够根据产品特点进行组合推荐 3.3.2 能够使用销售话术促使粉丝下单	3.3.1 产品卖点分析 3.3.2 消费心理学 3.3.1 主动营销 3.3.2 产品销售策略	3.3.1 能够熟练使用促单技巧 3.3.2 能够创新促单方法	3.3.1 销售心理学知识 3.3.2 创新促单方法相关知识

参考文献

[1] 冷玉芳，张学青. 直播电商教程[M]. 高等教育出版社，2022.
[2] 吴玉红，高阳. 直播电商实务[M]. 北京师范大学出版社，2021.
[3] 周莉，邓凤仪等. 直播电商实务[M]. 西南财经大学出版社，2021.
[4] 宋夕东，邱新泉. 直播电商运营实务[M]. 人民邮电出版社，2022.
[5] 苏凡博. 电商直播实务[M]. 中国广播影视出版社，2022.
[6] 全国人民代表大会常务委员会，中华人民共和国电子商务法[Z]. 2018.08.31.
[7] 全国人民代表大会常务委员会，中华人民共和国网络安全法[Z]. 2016.11.07.
[8] 国家互联网信息办公室，网络信息内容生态治理规定[Z]. 2019.12.15.
[9] 国家互联网信息办公室等，网络直播营销管理办法（试行）[Z]. 2021.04.23.
[10] 国家市场监督管理总局，关于加强网络直播营销活动监管的指导意见[Z]. 2020.11.05.